LA CUISINE
DES
POISSONS DE MER

Jean-Pierre Nespoux

LA CUISINE DES POISSONS DE MER

ÉDITIONS DE VECCHI S.A.
52, rue Montmartre
75002 PARIS

Malgré l'attention portée à la rédaction de cet ouvrage, l'auteur ou son éditeur ne peuvent assumer une quelconque responsabilité du fait des informations proposées (formules, recettes, techniques, etc.) dans le texte.
Il est conseillé, selon les problèmes spécifiques – et souvent uniques – de chaque lecteur, de prendre l'avis de personnes qualifiées pour obtenir les renseignements les plus complets, les plus précis et les plus actuels possible.

Dans la « collection » Cuisine

La Cuisine sur braise et au barbecue, Chantal de Rosamel, 2001
La Cuisine des poissons d'eau douce, Vincent Allard, 2000
La Cuisine des champignons, Vincent Allard, 2000
Cuisiner avec les enfants, B. Bray et S. Grossi, 2000
Cuisiner les desserts, Marie Gosset, 2001

Photos de couverture : © Alpha Omega

Photos de l'intérieur : © Maurice Durand/Alpha Omega

Imprimé en Italie

SOMMAIRE

Introduction

Pour diverses raisons et principalement les nouvelles méthodes de pêche, de conservation par le froid ou par le vide et les moyens de transport rapides, le poisson est devenu en quelques décennies le « prince » incontournable de nos tables modernes et le quotidien de nos repas familiaux.

Le développement des échanges culturels et commerciaux a également permis de connaître d'autres façons de préparer le poisson, de découvrir des saveurs différentes et d'approcher d'autres styles culinaires que ceux, traditionnels que connaissaient nos parents.

Le consommateur d'aujourd'hui a également pris conscience que le poisson était l'aliment parfaitement adapté à la vie moderne en raison de sa valeur énergétique, de sa teneur en phosphore, de sa légèreté et de la rapidité de sa cuisson.

Au surplus, les méthodes modernes de préparation au moyen d'ustensiles adaptés permettent d'éluder, en majeure partie, les odeurs de cuisson incommodantes que redoutaient autrefois les ménagères.

Le poisson est donc devenu un aliment d'une qualité diététique inégalable, facile et rapide à cuisiner, que l'on peut agrémenter avec une multitude d'herbes et de condiments. Une seule chose ne doit jamais être négligée : sa fraîcheur. Pour se convaincre de la fraîcheur d'un poisson, le consommateur doit bien vérifier que sa chair est ferme au toucher, que sa peau est brillante, que l'œil est bombé et vif et que les ouïes sont colorées ; par ailleurs, le poisson acheté frais doit être consommé dans les heures qui suivent et ne doit jamais attendre, même le lendemain, au risque de lui faire perdre toute sa saveur et sa qualité.

Aujourd'hui le poisson se prépare de toutes les façons : chaud, froid, cuit, demi-cuit, fumé, mariné, salé, séché ou cru, en salade ou en soupe, en rôti, en papillotes ou en farcis, en darnes ou en filets, grillé ou poché. Il s'accommode aussi à toutes les sauces : en meurette, au vin blanc, au beurre, au paprika, au piment doux, au soja, en escabèche, au champagne, à la menthe ou au beurre de truffe...

Vous trouverez dans le présent ouvrage un éventail de recettes de base ou plus élaborées, traditionnelles ou plus nouvelles que vous pourrez agrémenter selon vos goûts, les saisons et le marché.

Poissons, coquillages et crustacés

On ne peut consacrer un guide à la cuisine des poissons de mer sans évoquer le rôle incontournable des crustacés et des coquillages. Même quand ils ne constituent pas l'ingrédient principal, ils interviennent fréquemment dans les recettes comme éléments décoratifs ou de manière plus cachée, et néanmoins importante, dans la fabrication des sauces, coulis ou autres consommés.

Parfois le cuisinier se servira uniquement de la carapace et de la tête des crustacés pour confectionner un délicieux velouté, réservant la chair pour un autre plat (dans ce cas, la carapace est cuite au court-bouillon puis passée au tamis) ; parfois, notamment avec les pétoncles, moules ou autres coquillages, ils seront préférés pour garnir un pot-au-feu de la mer ; tout simplement, ils peuvent servir à décorer une assiette de poisson.

De la mer du Nord à la Méditerranée, du bulot à l'oursin, en passant par toutes les espèces d'huîtres, les coquillages et crustacés font partie de notre patrimoine culinaire national. Ne les oublions pas !

ANCHOIS

*L'anchois est l'un des plus petits poissons de mer que l'on trouve en Méditerranée.
Il se consomme principalement mariné ou salé, au naturel ou à l'huile, il se présente alors en conserve ou en bocaux.
Lorsqu'on l'achète cru, il doit être vidé et lavé et se cuisine plutôt en friture ou pané.
Il est utilisé sous forme de crème ou de beurre et permet d'agrémenter tartes, sauces et plats méditerranéens.*

ANCHOIS PANÉS AUX DEUX SAUCES

Pour 4 personnes

- *1 kg d'anchois*
- *2 œufs*
- *150 g de chapelure*
- *100 g de beurre*
- *1 pincée de sel*

Bien nettoyer les anchois entiers, retirer les têtes et les queues puis ouvrir chaque poisson dans toute sa longueur de façon que les côtés restent attachés par le dos. Retirer les arêtes centrales. Laver ensuite les anchois et bien les sécher. Les passer dans les œufs préalablement battus avec un peu de sel puis dans la chapelure. Faire chauffer le beurre dans une grande poêle et faire dorer les anchois à feu moyen 2 à 3 minutes de chaque côté. Servir aussitôt, bien chaud, avec deux sauces froides : une sauce tartare d'un côté et une sauce tomate forte de l'autre.

SAUCE TARTARE

250 g de mayonnaise
50 g de câpres
50 g de cornichons au vinaigre
1/2 citron
persil, ciboulette
paprika

Monter une mayonnaise bien ferme et bien moutardée. Hacher finement les câpres et les cornichons au vinaigre, un brin de persil et quelques tiges de ciboulette. Les ajouter à la mayonnaise avec le jus d'un demi-citron et une pincée de paprika. Bien mélanger et servir froid.

SAUCE TOMATE FORTE

150 g de tomates pelées
1/2 poivron rouge
1/2 oignon
1 gousse d'ail
1 brin de thym
3 feuilles de laurier
1/2 citron
sucre
vinaigre de vin blanc
moutarde forte
tabasco
3 cuillerées à soupe d'huile d'olive
sel, poivre

Dans une casserole nappée d'huile d'olive, faire mijoter ensemble les tomates pelées, l'oignon émincé, la gousse d'ail pilée et le poivron rouge nettoyé et taillé en petits morceaux. Ajouter le thym, le laurier et une pincée de sel. Couvrir, laisser cuire à feu léger pendant 20 minutes. Ôter le bouquet garni et passer la préparation au mixer. Verser la sauce dans une casserole et remettre à chauffer à feu doux en ajoutant le jus d'un demi-citron, une cuillerée à soupe de sucre, deux cuillerées à soupe de vinaigre de vin blanc, une cuillerée à soupe de moutarde forte, deux à trois tours de poivre et quelques gouttes de tabasco. Bien mélanger, laisser refroidir à température ambiante puis au réfrigérateur et servir frais.

BEIGNETS D'ANCHOIS

Pour 4 personnes

- *1 kg d'anchois*
- *100 g de farine*
- *1 œuf*
- *citron*
- *5 cl de vin blanc sec*
- *25 cl de crème fleurette*
- *4 cuillerées à soupe d'huile d'olive*
- *sel, poivre*

Préparer la pâte à frire en mélangeant la farine, le jaune d'œuf, une cuillerée à soupe d'huile d'olive et le vin blanc. Saler, poivrer et délayer avec la crème pour obtenir une pâte à crêpe épaisse. Incorporer uniformément le blanc d'œuf monté en neige. Ouvrir en deux les anchois par le ventre. Ôter la tête et l'arête centrale pour obtenir deux filets. Laver et sécher les filets d'anchois. Les plonger dans la pâte à frire puis dans la poêle nappée d'huile d'olive quelques minutes de chaque côté. Servir très chaud, et décorer avec des quartiers de citron.

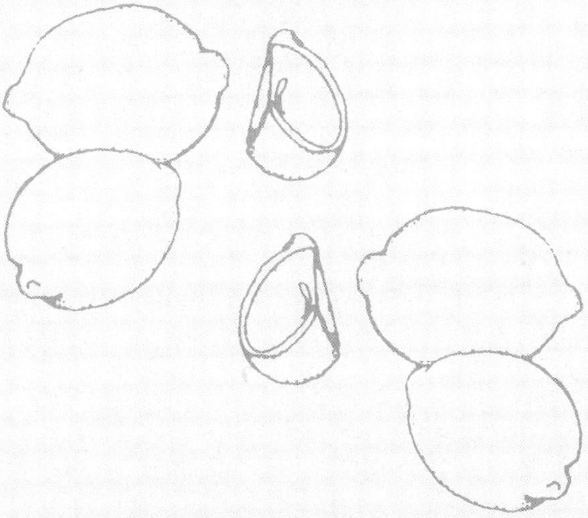

TAGLIATELLES
À LA SAUCE D'ANCHOIS

Pour 4 personnes

400 g de tagliatelles fraîches

1 dizaine de filets d'anchois dessalés

20 g de pignons

20 cl de coulis de tomates

3 gousses d'ail

cerfeuil

20 cl de crème fraîche

3 cuillerées à soupe d'huile d'olive

sel, poivre

Bien retirer toutes les arêtes des anchois et hacher les poissons finement. Faire chauffer l'huile dans une casserole et faire dorer dans cette huile les gousses d'ail pelées et légèrement écrasées à la fourchette. Retirer l'ail rapidement lorsque l'huile en a pris le parfum. Ajouter à l'huile le hachis d'anchois, le coulis de tomates et la crème fraîche. Mélanger soigneusement, assaisonner de sel, poivre et laisser mijoter à feu très doux pendant 10 minutes environ, à couvert et en remuant de temps en temps. Porter à ébullition 2 l d'eau salée. Faire bouillir les tagliatelles 6-7 minutes selon la grosseur pour les consommer *al dente*. Égoutter les tagliatelles et les verser dans un plat creux, de préférence bien tenu au chaud. Verser la sauce dessus et décorer en parsemant de brins de cerfeuil et de pignons.

TARTE AUX OIGNONS ET AUX ANCHOIS

Pour 6 personnes

200 g de filets d'anchois à l'huile et aux aromates

4 à 5 gros oignons blancs

350 g de farine

1 sachet de levure de boulanger

2 grosses cuillerées à soupe de crème fraîche

1/2 verre d'huile d'olive

sel

Dans un saladier, mettre la farine, la levure délayée dans un demi-verre d'eau tiède, un demi-verre d'huile et une bonne pincée de sel. Mélanger la pâte et pétrir très peu. Laisser lever 2 heures environ. Pendant ce temps, éplucher les oignons en ôtant toute peau consistante, les émincer et les faire revenir à feu doux pendant 30 minutes environ, dans une grande poêle légèrement nappée d'huile d'olive. Veiller à ce que les oignons ne roussissent pas trop, si nécessaire couvrir un peu et remuer de temps en temps. Après avoir réservé huit filets d'anchois entiers, passer au mixer le reste des anchois avec un peu de leur huile pour obtenir une crème épaisse. Hors du feu, ajouter la purée d'anchois aux oignons puis la crème fraîche et bien mélanger. Préchauffer le four à 220 °C (thermostat 7). Étaler la pâte dans une tourtière beurrée avec la main et piquer le centre avec la fourchette. Étaler sur la pâte la préparation aux oignons et aux anchois. Disposer les filets d'anchois réservés en forme de soleil sur la garniture et enfourner pendant 30 minutes environ.

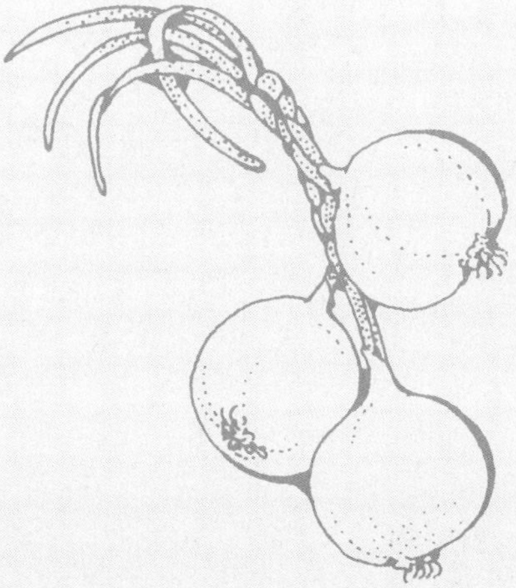

ANGUILLE

L'anguille est un poisson de mer de forme très allongée
et à peau très visqueuse et glissante comme un serpent.
Sa particularité est d'effectuer sa croissance en eau douce
puis de se reproduire en mer (mer des Sargasses).
Lorsqu'elle n'est qu'un alevin, on l'appelle civelle ou piballe.
Adulte, elle s'appelle aussi congre.
Sa chair ferme et grasse est très savoureuse.
Elle doit être dépouillée et vidée avant d'être cuisinée.
Elle se prépare généralement en matelote, c'est-à-dire coupée en tronçons
et accommodée avec du vin rouge et des oignons.
On la trouve aussi fumée ou marinée.

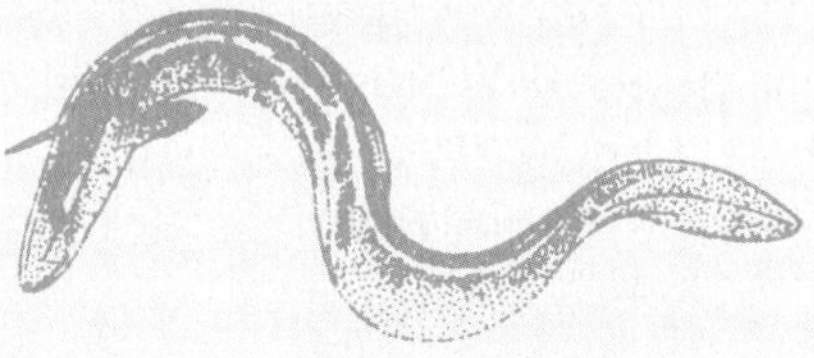

ANGUILLES EN MEURETTE

Pour 4 personnes

- *800 g d'anguilles (2 à 4 anguilles selon la grosseur)*
- *50 g de petits lardons*
- *200 g de champignons de Paris*
- *5 échalotes*
- *farine*
- *75 cl de vin rouge*
- *1/2 verre de cognac*
- *4 cuillerées à soupe d'huile d'olive*

Demander au poissonnier de vider et d'éliminer les têtes des anguilles. Bien les laver et les couper en tronçons de 5 cm. Verser l'huile d'olive dans une sauteuse, faire revenir les tronçons d'anguille puis flamber au cognac. Faire revenir les échalotes émincées, les petits lardons et les champignons nettoyés et coupés en lamelles. Fariner légèrement et remuer. Après léger brunissement de l'ensemble, ajouter le vin rouge. Porter à ébullition quelques minutes puis laisser mijoter 15 minutes en couvrant aux trois quarts. Servir aussitôt dans un plat creux et bien chaud.

FRICASSÉE D'ANGUILLES DE MER

Pour 4 personnes

800 g d'anguilles
2 gousses d'ail
1 bouquet de persil
60 g de beurre
sel, poivre blanc

Faire dépouiller et vider les anguilles par le poissonnier. Bien les laver et les découper en tronçons de 5 cm. Rincer les tronçons d'anguille à l'eau froide légèrement vinaigrée et les égoutter. Dans une sauteuse, faire revenir dans le beurre les tronçons d'anguille en les retournant de façon qu'ils soient uniformément dorés sur toutes les faces. Retirer les tronçons d'anguille de la poêle et les égoutter sur du papier absorbant. Faire revenir, dans la même poêle, l'ail finement haché et y remettre les tronçons d'anguille. Assaisonner de sel, de poivre blanc et de persil ciselé. Laisser cuire ainsi 15 minutes à feu doux. Servir très chaud.

SUSHIS À L'ANGUILLE

Pour 4 personnes

1 anguille de taille moyenne de 200 à 300 g environ
100 g de sucre en poudre
1/2 cuillerée à soupe de saké
12 cl de sauce soja

Demander au poissonnier de dépouiller l'anguille et de lever les filets. Dans une casserole, faire bouillir 25 cl d'eau avec le sucre, le saké et la sauce soja. Baisser le feu et plonger les filets d'anguille dans l'eau frémissante. Laisser cuire 20 minutes. Retirer les filets d'anguille avec l'écumoire, les égoutter et les couper en rectangle de 6 à 8 cm de long. Monter les dominos d'anguille sur les sushis en pressant avec les doigts. Servir avec d'autres variétés de sushis.

BAR

Le bar est un poisson de taille moyenne
que l'on trouve principalement
en Méditerranée mais aussi dans l'Atlantique.
Il est appelé loup en Provence et se prête alors
à d'autres recettes (voir le chapitre Loup de mer).
Sa chair est délicate et très appréciée.
Il se cuisine grillé ou en croûte mais aussi cru,
en carpaccio aromatisé.

BAR EN CROÛTE DE SEL

Pour 4 personnes

1 bar de 1,5 kg
500 g de farine
300 g de gros sel de mer
4 blancs d'œufs
3 feuilles de laurier
2 branches de thym frais
2 branches de romarin
sel, poivre blanc

Demander au poissonnier de retirer les arêtes, d'écailler et de vider le poisson tout en le préservant entier. Parsemer l'intérieur du bar avec le thym égrainé et les feuilles de romarin ciselées, assaisonner de poivre blanc moulu. Préchauffer le four à 200 °C (thermostat 7). Poser une feuille de papier sulfurisé sur la plaque du four. Mélanger le sel de mer avec la farine, les blancs d'œufs, le laurier découpé et 20 cl d'eau. Lorsque la pâte devient homogène, envelopper soigneusement le poisson, enfourner et laisser cuire 30-35 minutes. Retirer du four. Casser la croûte de sel et servir à part une sauce, type sauce hollandaise, parfumée au romarin.

BAR GRILLÉ À LA FONDUE DE TOMATES ET AU BASILIC

Pour 4 personnes

1 bar d'environ 1,5 kg

1 kg de tomates

1/2 tasse de basilic frais émincé

2 citrons

4 cuillerées à soupe d'huile d'olive

sel, poivre

Demander au poissonnier de lever les filets en laissant la peau. Arroser les filets du jus des citrons et laisser mariner au réfrigérateur. Peler les tomates, enlever les pépins, concasser la chair et la mettre à fondre doucement dans une sauteuse en y ajoutant une cuillerée à soupe d'huile d'olive. Ajouter une partie du basilic, poivrer, saler et laisser le tout mijoter de 8 à 10 minutes. Saisir dans une autre poêle légèrement huilée, à feu vif, les filets de bar marinés, côté peau, de 2 à 3 minutes. Les retirer de la poêle et les égoutter sur un papier absorbant puis les disposer dans la sauteuse sur la fondue de tomates, la peau vers le haut. Laisser mijoter l'ensemble quelques minutes. Verser dans le plat de service la fondue de tomates, les filets de bar par-dessus. Parsemer avec le reste de basilic frais.

CARPACCIO DE BAR AU POIVRE DOUX

Pour 4 personnes

800 g de bar en filets

4 citrons verts entiers

quelques grains de poivre doux

pain grillé

1 cuillerée à café de cerfeuil, estragon et ciboulette émincés

jus de 2 citrons verts

4 cuillerées à soupe d'huile d'olive

sel, poivre

Vérifier que le poisson soit bien frais. Demander au poissonnier de lever les filets. Passer les filets de bar au congélateur 30 minutes avant de les trancher très finement avec un bon couteau. Disposer délicatement les lamelles de bar dans un grand plat de service ou directement dans les assiettes, garder au frais. Préparer la marinade en mélangeant l'huile d'olive, le jus de citron et le poivre doux. Saler légèrement et mélanger la marinade avec les herbes. Verser la préparation sur les poissons et laisser mariner au réfrigérateur quelques minutes sans trop laisser « cuire » le poisson. Décorer avec des petites tranches taillées dans les citrons verts et accompagner de fines tranches de pain grillées.

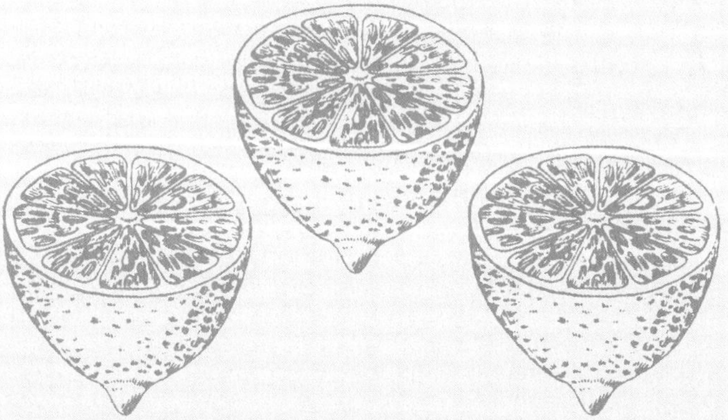

PAVÉS DE BAR SAUCE CHABLIS

Pour 4 personnes

4 pavés de bar de 200 g chacun
petits légumes printaniers
2 échalotes
1 gousse d'ail
1 bouquet garni
1/2 l de chablis
150 g de beurre
1/2 verre d'huile
sel, poivre

Demander au poissonnier de lever les filets et de couper quatre pavés égaux. Faire réduire de moitié dans une casserole 1/2 l de chablis avec les échalotes émincées, l'ail haché, le bouquet garni. Passer la sauce réduite au chinois et réserver. Faire chauffer dans une poêle quelques copeaux de beurre et l'huile. Mettre les tranches de poisson à dorer sur une face, les retourner et laisser cuire à feu doux 10 minutes. Hors du feu, saler, poivrer et déposer sur un plat de service, garder au chaud. Mettre à feu doux dans une petite casserole la sauce au vin blanc, saler, poivrer et la monter au fouet avec le reste du beurre. Napper les pavés de cette sauce chaude. Accompagner de petits légumes printaniers cuits à la vapeur.

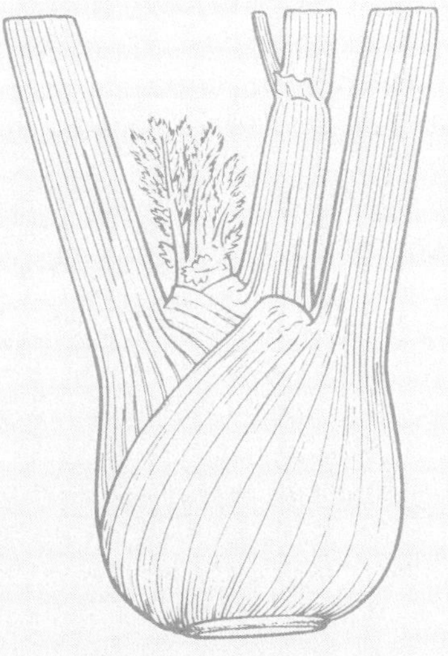

CABILLAUD

Poisson de mer de belle taille et de forme allongée,
pêché en eau froide, le cabillaud
est en fait la morue fraîche.
Sa chair blanche est plutôt ferme
et très savoureuse.
Il se présente en filets ou en darnes et se cuisine
principalement au four, accompagné
de sauces généreuses.

FILETS DE CABILLAUD AU CAVIAR D'AUBERGINES

Pour 4 personnes

800 g de cabillaud en filets
3 aubergines
1 gousse d'ail
cerfeuil
100 g de farine
1 citron
3 cuillerées à soupe d'huile d'olive
50 g de beurre
sel, poivre

Demander au poissonnier de lever les filets. Découper quatre morceaux égaux. Bien les sécher avec du papier absorbant, les assaisonner de sel, de poivre et les fariner légèrement. Laver et essuyer les aubergines. Les faire griller au four une vingtaine de minutes en les retournant souvent. Peler et hacher la gousse d'ail. Inciser les aubergines en deux et prélever la chair avec une cuillère à soupe. Intégrer à l'aubergine l'ail et l'huile d'olive par petites doses en mélangeant. Ajouter un trait de citron, saler, poivrer. Réserver le caviar d'aubergines au chaud au bain-marie. Dans une poêle, faire chauffer le beurre et une cuillerée à soupe d'huile. Faire dorer les morceaux de poisson 5 minutes environ de chaque côté. Faire dans chaque assiette un lit de caviar d'aubergines et poser les morceaux de cabillaud dessus. Décorer de brins de cerfeuil.

PARMENTIER DE CABILLAUD AU DUO D'OLIVES

Pour 4 personnes

800 g de cabillaud en filets
4 pommes de terre à purée
30 g d'olives vertes
30 g d'olives noires
1 sachet de court-bouillon
noix de muscade en poudre
15 cl de lait
10 cl de crème fraîche
100 g de beurre
sel, poivre

Demander au poissonnier de lever les filets de cabillaud. Éplucher et tailler en lamelles les pommes de terre. Préparer un court-bouillon pour le poisson. Amener à ébullition, dans une autre casserole, de l'eau salée pour la purée de pommes de terre. Plonger les pommes de terre dans l'eau bouillante et les laisser cuire 15 minutes. Plonger les filets de cabillaud délicatement dans le court-bouillon frémissant et laisser cuire à feu très doux pendant 10 minutes. Pendant ce temps dénoyauter et émincer les olives vertes et noires. Ôter l'eau des pommes de terre quand elles sont cuites et les écraser à la fourchette dans la casserole. Ajouter le beurre, la crème fraîche et progressivement le lait chauffé. Mélanger délicatement le tout. Retirer les filets de cabillaud du court-bouillon avec l'écumoire. Émietter les filets de cabillaud cuits dans le fond du plat beurré puis l'émincé d'olives. Napper de la purée de pommes de terre. Saupoudrer de noix muscade et de noisettes de beurre. Faire gratiner au four 15 minutes.

PAVÉS DE CABILLAUD SAUCE MORNAY

Pour 4 personnes

- *4 pavés de cabillaud d'environ 200 g chacun*
- *100 g de gruyère râpé*
- *beurre*
- *1/2 l de béchamel*
- *sel, poivre*

Préparer un court-bouillon légèrement salé. Amener à ébullition, baisser le feu, plonger les pavés de cabillaud pendant 10 minutes. Éteindre le feu et laisser pocher à couvert 5 minutes de plus. Sortir les pavés de cabillaud à l'écumoire et les débarrasser de toutes les peaux et arêtes. Déposer délicatement les pavés de cabillaud dans un plat à gratin. Préparer une béchamel avec 1/3 de lait, 1/3 de crème fraîche, 1/3 de court-bouillon et la moitié du gruyère râpé. Napper les filets de cabillaud de béchamel, saupoudrer du reste du gruyère râpé et d'une noisette de beurre. Enfourner et laisser gratiner pendant 10 minutes environ.

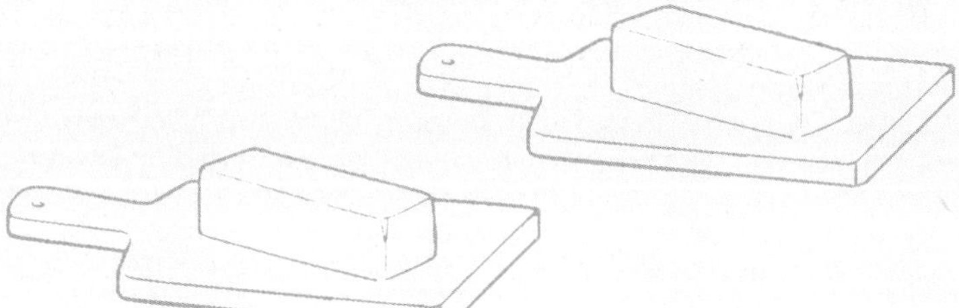

RÔTI DE CABILLAUD

Pour 4 personnes

- *800 g de cabillaud en filets*
- *3 belles tomates*
- *250 g de champignons de Paris*
- *2 cuillerées à soupe de persil haché*
- *1 oignon*
- *2 citrons*
- *1 verre de vin blanc sec*
- *1/2 verre d'huile*
- *sel, poivre*

Superposer les filets de cabillaud les uns sur les autres de manière à obtenir un rôti. Ficeler les filets de poisson avec de la ficelle à rôti sans serrer, de façon qu'ils ne s'effondrent pas à la cuisson. Saler, poivrer et disposer le rôti de poisson dans un plat allant au four. Nettoyer les champignons de Paris en prenant soin d'éliminer les parties sableuses des pieds, les couper en quatre. Peler les tomates, les vider de leurs graines et les tailler à l'horizontale en quatre parties. Entourer le rôti avec les morceaux de tomate et les champignons. Arroser du vin blanc et de l'huile. Mettre au four préalablement chauffé à 200 °C (thermostat 7). Laisser cuire environ 30 minutes en arrosant de temps en temps. Pendant ce temps, peler l'oignon et le hacher fin avec le persil. Saupoudrer le rôti du hachis 10 minutes avant la fin de la cuisson. Sortir du four, enlever les ficelles. Servir dans un plat de cuisson accompagné de pommes à l'anglaise et décorer de quartiers de citron.

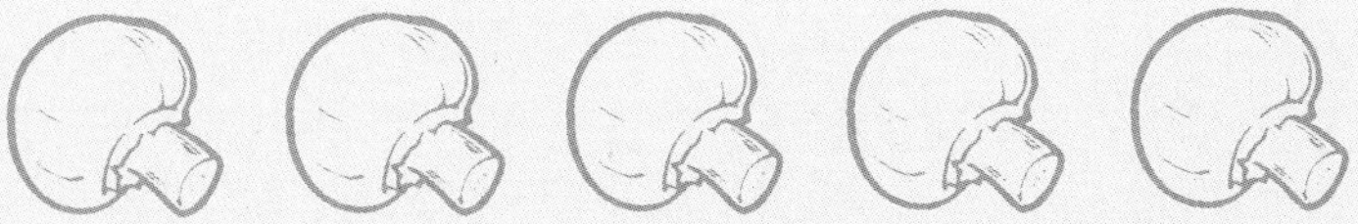

COLIN

Le colin est un poisson de mer de belle taille
de la famille des cabillauds, au dos gris argenté.
Il s'appelle aussi merlu ou lieu noir et colineau
quand il est petit.
Il se cuisine souvent entier lorsqu'il pèse moins
d'un kilo ou en darnes s'il est plus gros.
Sa chair est tendre et fine et s'agrémente
très bien avec du citron, du beurre fondu,
des herbes et des aromates.

DARNES DE COLIN AU BEURRE D'ANETH

Pour 4 personnes
4 darnes de colin de 200 g environ chacune
1 bouquet d'aneth
farine
1 verre de vin d'Alsace
30 cl de crème fraîche
150 g de beurre
sel, poivre

Laver et sécher le bouquet d'aneth puis le ciseler en préservant quelques brins pour la décoration. Faire fondre dans une casserole 120 g de beurre en y ajoutant le vin blanc, l'aneth et la crème fraîche fouettée. Mélanger bien l'ensemble. Assaisonner de sel et de poivre. Fariner légèrement les darnes de colin. Dans une poêle, chauffer les 30 g de beurre restant et faire cuire doucement les darnes 5 minutes environ sur chaque face. Verser dans un grand plat chaud la sauce puis les darnes et décorer de brins d'aneth.

MÉDAILLONS DE COLIN SAUCE À LA SAUGE

Pour 4 personnes

- *4 médaillons de colin de 200 g chacun*
- *1 bouquet de sauge fraîche*
- *1 verre de vin blanc sec*
- *10 cl de crème fraîche*
- *125 g de beurre*
- *sel, poivre*

Laver et essuyer les médaillons de colin avec du papier absorbant. Détacher et laver les feuilles de sauge. Beurrer un plat à gratin, bien étaler les feuilles de sauge au fond du plat et disposer dessus les quatre morceaux de colin. Assaisonner de sel et de poivre. Mouiller avec le vin blanc et napper de crème fraîche les morceaux de colin. Préchauffer le four à 200 °C (thermostat 7), enfourner le plat et laisser cuire 20 minutes environ. Retirer les médaillons de colin et les mettre de côté. Verser le jus de cuisson du plat à gratin dans une casserole et faire réduire de moitié. Passer la réduction au chinois, retirer les feuilles de sauge et les réserver. Monter le reste de sauce en incorporant le beurre progressivement, en fouettant. Napper les médaillons avec la sauce et servir dans un plat très chaud après avoir décoré avec les feuilles de sauge.

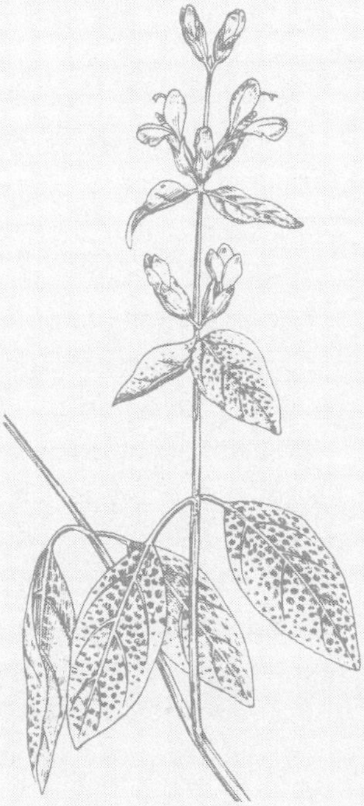

DAURADE OU DORADE

La daurade est un poisson de toute mer,
de forme ventrue et de taille moyenne,
aux reflets dorés ou argentés.
Elle se diversifie en plusieurs sortes, grise,
rose ou royale.
Sa chair est blanche, ferme et d'un goût délicat.
Elle est pêchée au large des côtes
de l'Atlantique et de la Méditerranée
et se trouve sur le marché toute l'année.
Elle se cuisine principalement au four
mais aussi crue, en carpaccio ou en sushis.

DAURADE BOULANGÈRE AU GROS-PLANT

Pour 4 personnes

1 daurade de 1 kg environ
4 pommes de terre
2 citrons
1 pincée de baies roses concassées
2-3 branches de thym
1/2 l de gros-plant
1/2 verre d'huile d'olive
sel, poivre

Demander au poissonnier d'écailler et de vider la daurade. La laver et bien l'essuyer avec du papier absorbant. Éplucher, laver et couper en rondelles les pommes de terre. Huiler le plat allant au four et disposer une couche de pommes de terre dans le fond. Saler, poivrer, parsemer de thym. Disposer une deuxième couche de pommes de terre. Assaisonner encore de sel, de poivre et de thym. Verser le gros-plant et 30 cl d'eau sur les pommes de terre et mettre le plat au four préchauffé à 200 °C (thermostat 7) pendant 20 minutes environ. Pendant ce temps, peler les citrons et les couper en rondelles en prenant soin de bien ôter les pépins. Mettre les rondelles de citron à l'intérieur de la daurade. Sortir le plat du four et poser la daurade sur les pommes de terre. Enduire la daurade d'huile d'olive et parsemer de baies roses concassées. Poursuivre la cuisson au four 20 minutes supplémentaires. Arroser en cours de cuisson.

DAURADE FARCIE

Pour 4 personnes

1 daurade de 1 kg environ
100 g de champignons de Paris
1 échalote
2 cuillerées à soupe de persil haché
1/2 bol de mie de pain rassie
2 œufs
2 gros oignons
chapelure
1 tasse de lait
20 cl de vin blanc sec
50 g de beurre
sel, poivre

Faire écailler et vider la daurade par le poissonnier sans enlever la tête. Bien nettoyer les champignons, têtes et queues. Nettoyer la daurade entière et essuyer avec du papier absorbant. Préparer une farce avec la mie de pain trempée dans le lait puis essorée, les champignons hachés fin, l'échalote émincée, le persil haché, les œufs. Bien malaxer la farce et assaisonner de sel et poivre. Remplir le ventre du poisson de la farce puis le recoudre. Déposer au fond d'un plat à gratin préalablement beurré un lit d'oignons émincés puis la daurade par-dessus. Couvrir du reste des oignons puis mouiller avec le vin blanc. Parsemer la daurade de chapelure et de quelques noisettes de beurre. Mettre à four très chaud, soit 240 °C (thermostat 8). Laisser cuire 30 minutes. Laisser au four éteint encore 10 minutes. Saupoudrer de persil haché. Servir dans le plat de cuisson.

ESPADON

*L'espadon est un très gros poisson,
dépourvu d'écailles, dont la mâchoire supérieure
se prolonge en forme d'épée.
Pêché principalement dans l'océan Pacifique
et l'Atlantique Sud, on le trouve depuis
peu sur les marchés français.
Comme les gros poissons, il se présente en escalopes,
darnes épaisses et se cuisine comme le thon.
Sa chair est ferme et très goûteuse.*

ESPADON À LA RATATOUILLE

Pour 4 personnes

- *4 tranches d'espadon de 150 g chacune*
- *1 poivron rouge*
- *1 poivron vert*
- *2 courgettes*
- *1 aubergine*
- *1 gousse d'ail*
- *100 g de tomates concassées*
- *thym et laurier*
- *5 cuillerées à soupe d'huile d'olive*
- *sel, poivre*

Couper en petits cubes les deux poivrons, les courgettes et l'aubergine. Dans une sauteuse, faire chauffer l'huile d'olive. Faire revenir d'abord les poivrons, l'oignon et l'ail écrasé. Ajouter ensuite les courgettes et l'aubergine puis les tomates concassées, le thym et le laurier. Laisser cuire à feu doux une quinzaine de minutes. Saisir les tranches d'espadon dans une poêle à part, très chaude, avec un filet d'huile d'olive. Disposer la ratatouille dans un plat creux bien chaud et les tranches d'espadon par-dessus.

ESPADON EN PAPILLOTES

Pour 4 personnes

- *4 tranches d'espadon*
- *150 g de carottes*
- *150 g de champignons*
- *100 g de céleri*
- *1 tomate*
- *1 échalote*
- *1 bouquet d'estragon*
- *8 cl de vin blanc sec*
- *1/2 verre d'huile d'olive*
- *100 g de beurre*
- *sel, poivre*

Couper en julienne carottes, champignons et céleri après les avoir nettoyés et pelés. Hacher finement l'échalote. Couper en dés la tomate. Faire revenir le tout doucement, sans colorer, dans une poêle huilée. Préchauffer le four à 200 °C (thermostat 7). Beurrer quatre grandes feuilles de papier aluminium de taille suffisante pour recouvrir largement les tranches d'espadon. Creuser les feuilles avec la main et déposer les légumes dans le fond. Enduire d'huile d'olive les tranches d'espadon et les placer sur la julienne de légumes dans les papillotes. Ajouter dans chaque papillote 2 cl de vin blanc, quelques feuilles d'estragon et une noisette de beurre. Saler et poivrer. Bien refermer chaque papillote en laissant de la place à l'intérieur pour que la chaleur circule. Enfourner et laisser cuire de 12 à 15 minutes à four très chaud. Ouvrir les papillotes au dernier moment pour ne rien perdre du fumet.

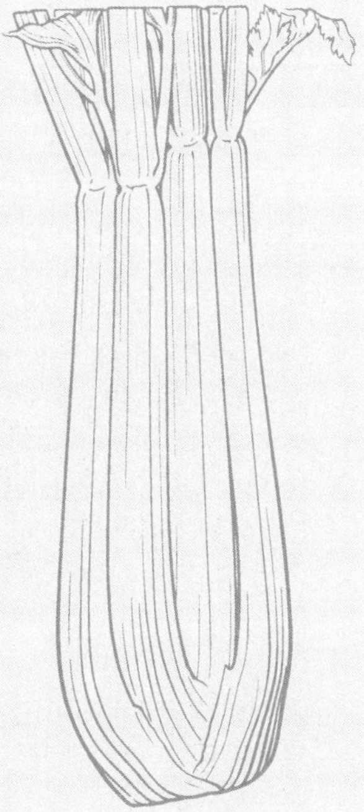

LIEU

*Pêché dans la Manche et dans l'Atlantique,
le lieu est un poisson de mer de belle taille
et de forme allongée ; il se divise en deux sortes,
le lieu noir dit aussi aiglefin et le lieu jaune,
à chair plus fine et plus appréciée
dit encore merluche blanche.
Comme tous les gros poissons, on le trouve
débité en filets, darnes ou tronçons et on le prépare
de multiples façons, mais le plus souvent
poêlé ou braisé.*

DARNES DE LIEU AU CITRON

Pour 4 personnes

4 darnes de lieu de 200 g chacune
4 citrons
100 g de maïs doux en conserve
1 pincée de coriandre concassée
4 brins de persil
huile
200 g de beurre
sel de mer, poivre blanc

Préchauffer le four à 200 °C (thermostat 7). Huiler un plat allant au four. Peler les citrons puis dégager la chair en quartiers en ôtant les membranes. Déposer les darnes de lieu dans le plat huilé, entourer des quartiers de citron. Saupoudrer de coriandre concassée, de sel de mer et de copeaux de beurre. Mettre au four et laisser cuire 10 minutes environ. Égoutter le maïs, le faire revenir dans une poêle avec un peu de beurre, le jus d'un demi-citron et quelques tours de poivre blanc. Dans les assiettes, disposer le maïs, les citrons, et les darnes de lieu au centre. Arroser du jus de cuisson bien chaud préalablement passé au chinois. Parsemer de persil haché.

LOTTE

La lotte est un gros poisson de forme presque cylindrique, à peau épaisse et gluante, à la chaire blanche, ferme et très appréciée. Elle est toujours commercialisée sans tête en raison de sa grosseur mais aussi, dit-on, de son apparence horrible. Elle est le plus souvent présentée déjà dépecée. Elle se prépare coupée en tronçons et se cuisine en cocotte ou au four, souvent agrémentée de sauces onctueuses.

BROCHETTES DE LOTTE ET DE JAMBON CRU, VINAIGRETTE AUX HERBES

Pour 4 personnes

- *500 g de filet de lotte*
- *4 tranches de jambon cru de montagne*
- *4 tomates*
- *1 poivron vert*
- *500 g de champignons*
- *1 bouquet de persil*
- *2 branches de ciboulette*
- *1 branche de basilic*
- *coriandre*
- *1 citron*
- *1/2 verre d'huile d'olive*
- *sel, poivre*

Demander au poissonnier de préparer la lotte en ôtant l'aile centrale et la peau noire. Découper la lotte en morceaux de 4 cm de côté environ. Citronner un peu chacun des morceaux. Couper le jambon cru en lanières et rouler celles-ci pour former des coussins de jambon de 4 cm de côté environ. Couper en huit les tomates en préservant la peau et en ôtant les pépins. Couper en cubes le poivron vert. Éplucher et nettoyer les champignons. Sur les brochettes, alterner morceaux de lotte, poivron vert, tomate et jambon cru en ouvrant et en fermant avec les chapeaux des champignons. Placer directement sur la plaque allant au four ou sur la grille du barbecue. Préparer une vinaigrette en mélangeant à l'huile d'olive une pincée de sel, quelques tours de moulin de poivre, de la coriandre, et l'ensemble des herbes hachées. Enduire les brochettes de cette préparation avec un pinceau de cuisine. Les retourner et renouveler l'opération. Faire cuire sous le gril du four 3 minutes de chaque côté en retournant une fois ou disposer sur le gril du barbecue. Servir avec le reste de la vinaigrette dans une saucière.

CASSOLETTE DE LOTTE AU PAPRIKA

Pour 4 personnes

800 g de lotte
2 tomates
1 gousse d'ail
1 cuillerée à soupe de paprika
1 verre de vin blanc sec
4 cuillerées de crème fraîche
20 g de beurre
sel, poivre

Couper la lotte en dés de 4 cm environ de côté. Dans une sauteuse, faire fondre le beurre et faire revenir les morceaux de lotte. Saler, poivrer. Ajouter la gousse d'ail écrasée, le paprika et le vin blanc. Laisser cuire à feu vif une dizaine de minutes. Éplucher, épépiner et couper les tomates en petits morceaux. Les ajouter dans la sauteuse avec la lotte ainsi que la crème fraîche. Remuer avec une cuillère en bois jusqu'à ce que la sauce soit onctueuse. Servir avec du riz.

GIGOTIN DE LOTTE AUX COQUILLAGES

Pour 4 personnes

1 queue de lotte de 800 g
500 g de moules
500 g de coques
1 gousse d'ail
1 bouquet garni
2 citrons
1/2 verre d'huile d'olive
sel, poivre

Demander au poissonnier d'enlever la peau de la lotte et de briser l'arête centrale. Peler l'ail et piquer le gigot de lotte de quelques éclats. Saler et poivrer le gigot sur ses deux faces. Huiler le fond d'un plat allant au four et disposer le gigot de lotte au centre. Trancher un citron en fines rondelles et les disposer sur le gigot. Enfourner à four chaud (240 °C – thermostat 8-9) pendant 20 minutes. À mi-cuisson retirer l'eau du plat et ajouter le reste de l'huile et le jus d'un citron. Nettoyer les moules et les coques. 5 minutes avant la fin de la cuisson, sortir à nouveau le gigot de lotte du four, arroser du jus de cuisson, et disposer les moules et les coques autour. Remettre au four, laisser ouvrir les coquillages. Servir rapidement dans le plat de cuisson dès que les coquillages sont ouverts.

Mon conseil : le curry est un ingrédient qui rehausse à merveille la couleur et la saveur des poissons blancs

Mon conseil : la petite sardine au naturel se prête aussi à la réalisation de plats froids pour l'été

Mon conseil : le vin blanc reste le partenaire privilégié de nos plats de poissons et crustacés

Mon conseil : les tagliatelles accompagnent à merveille les pavés de cabillaud en sauce

Mon conseil : les terrines permettent d'associer légumes, poissons et crustacés

Mon conseil : la chair des poissons et des crustacés froids se prête aisément à la réalisation des salades composées

Mon conseil : le saumon, la sardine et le maquereau forment un trio de poissons crus ou marinés des plus appréciés

Mon conseil : les poissons à chair ferme, comme la lotte, sont les plus appropriés à la composition du pot-au-feu de la mer

MON CONSEIL : LA FRAÎCHEUR DES POISSONS ET DES CRUSTACÉS EST UN ÉLÉMENT DÉTERMINANT DE LEUR QUALITÉ

MON CONSEIL : UNE TIMBALE DE LÉGUMES EN GELÉE PEUT ACCOMPAGNER DIVINEMENT LES CARPACCIO ET POISSONS FROIDS

MON CONSEIL : LES SAUCES À BASE DE CRUSTACÉS ACCOMPAGNENT À MERVEILLE TOUTES LES PRÉPARATIONS DE POISSONS

Mon conseil : quand le service se fait à l'assiette, la décoration doit être particulièrement soignée

Mon conseil : les ingrédients doivent être choisis et disposés de manière à composer une alternance de couleurs et de goûts

MON CONSEIL : IL EXISTE MILLE FAÇONS SUCCULENTES DE LIER LA POMME DE TERRE À LA CHAIR DE TOUS LES POISSONS

MON CONSEIL : LA FLEUR DE SEL MARIN REHAUSSE LA SAVEUR D'UN SIMPLE RÔTI DE POISSON

Mon conseil : le coulis d'écrevisse compense de sa haute saveur celle, plus discrète, de certains poissons blancs

LOTTE À L'AMÉRICAINE

Pour 4 personnes

800 g de lotte
3 tomates
2 oignons
2 échalotes
2 gousses d'ail
1 bouquet garni
1 cuillerée à soupe de sucre
1 cuillerée à soupe de concentré de tomates
farine
30 cl de vin blanc sec
1/2 verre de cognac
4 cuillerées à soupe d'huile d'olive
poivre de Cayenne
sel, poivre

Faire chauffer dans une cocotte nappée d'huile d'olive les oignons et les échalotes émincés, ainsi que l'ail haché, en remuant délicatement. Couper la lotte en morceaux de 4 cm environ, les passer dans la farine. Faire chauffer dans une poêle le reste de l'huile d'olive et faire blondir les morceaux de lotte jusqu'à coloration. Arroser de cognac et flamber. Verser l'ensemble dans la cocotte en grattant le fond avec une spatule pour en tirer le suc. Ajouter le bouquet garni, les tomates épluchées, égrainées et coupées en quatre, le sucre, le concentré de tomates et le vin blanc. Assaisonner de sel et de poivre. Porter à ébullition. Couvrir et laisser cuire à feu doux pendant 20 minutes. Ajouter le poivre de Cayenne. Servir très chaud accompagné de riz sauvage.

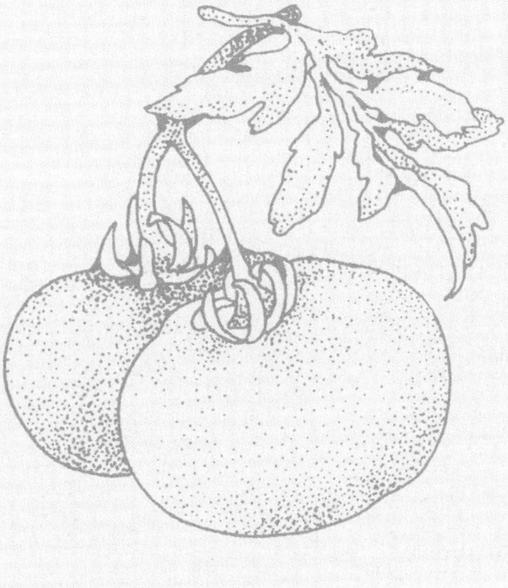

LOTTE À LA FONDUE DE TOMATES

Pour 4 personnes

800 g de lotte

6 tomates

1 gousse d'ail

1 bouquet garni

basilic

2 cuillerées à soupe d'huile d'olive

20 g de beurre

gros sel

sel, poivre

Demander au poissonnier de couper quatre morceaux d'égale grosseur d'une queue de lotte dépouillée. Passer les morceaux à l'eau froide et les sécher soigneusement. Saler, poivrer et réserver. Plonger les tomates 30 secondes dans un bain d'eau bouillante salée. Les peler, les couper en deux et les épépiner, les saupoudrer de gros sel, les laisser égoutter quelques minutes et les hacher finement. Écraser une gousse d'ail. Faire cuire les tomates et l'ail avec un bouquet garni dans une sauteuse, à découvert, pendant 15 minutes environ. Retirer le bouquet garni, assaisonner de sel et de poivre et ajouter le basilic. Dans une autre poêle faire chauffer le beurre avec un peu d'huile. Faire dorer les morceaux de lotte 5 minutes de chaque côté. Disposer dans une assiette les morceaux de lotte sur la fondue de tomates et saupoudrer de basilic haché.

LOTTE AUX ÉCREVISSES

Pour 4 personnes

800 g de filet de lotte
3 douzaines d'écrevisses
1 oignon
1 gousse d'ail
1 bouquet garni
2 cl de cognac
25 cl de vin blanc sec
1/2 verre d'eau
20 cl de crème fraîche
50 g de beurre
1 pincée de poivre de Cayenne
sel, poivre

Couper la lotte en tronçons de 3-4 cm environ. Les faire cuire 10 minutes à la vapeur et les réserver au chaud. Dans une casserole faire revenir l'oignon émincé, l'ail haché avec le bouquet garni, une pincée de sel et trois tours de poivre. Verser le vin blanc et un demi-verre d'eau. Laisser bouillir une dizaine de minutes et ajouter les écrevisses. Laisser cuire 7 minutes. Retirer du feu les écrevisses avec l'égouttoir et décortiquer les queues. Réserver douze écrevisses entières pour la décoration. Filtrer au chinois le court-bouillon, le faire chauffer dans une casserole pour le faire réduire de moitié en ajoutant le beurre par petits morceaux. Ajouter la crème, le cognac puis les queues d'écrevisses avec une pincée de poivre de Cayenne moulu. Laisser chauffer à feu doux 10 minutes en remuant souvent. Disposer les tronçons de lotte sur un plat creux bien chaud. Verser la sauce avec les queues d'écrevisses et décorer avec les écrevisses entières.

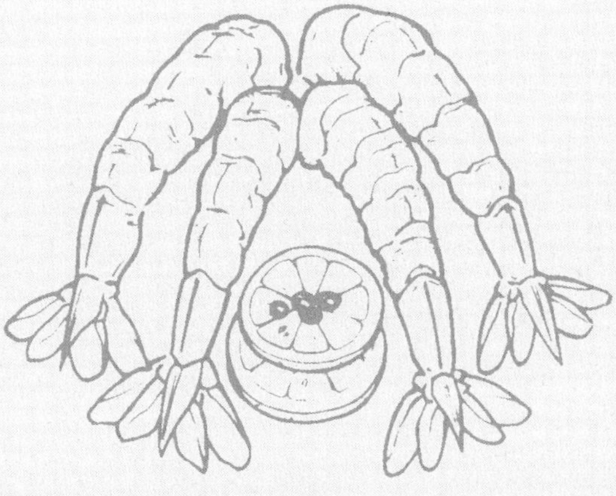

QUEUE DE LOTTE AU JURANÇON

Pour 4 personnes

1 queue de lotte de 800 g
1 carotte
1 blanc de poireau
1 branche de céleri
1 oignon
1 gousse d'ail
1 citron
1/2 bouteille de vin blanc de Jurançon
3 cuillerées à soupe d'huile
beurre
sel, poivre

Demander au poissonnier de préparer la lotte en ôtant l'arête centrale et la peau noire. Découper la lotte en morceaux de 4 cm environ. Citronner les morceaux. Choisir de préférence des petits légumes frais. Éplucher et laver la carotte, le blanc de poireau, le céleri et les tailler en julienne. Faire fondre le beurre dans une poêle et faire revenir les légumes pendant 10 minutes en remuant jusqu'à ce qu'ils soient cuits tout en restant croquants. Dans une cocotte, faire chauffer l'huile, faire revenir l'oignon émincé et l'ail écrasé. Mettre les morceaux de lotte et les faire dorer sur toutes les faces, saler, poivrer et mouiller du vin blanc. Couvrir et laisser mijoter à feu doux pendant 15 minutes. Retirer les morceaux de lotte, les placer dans un plat creux et garder au chaud. Passer la sauce au chinois et la faire réduire de moitié dans une casserole en ajoutant le reste du beurre en copeaux et en battant bien au fouet. Disposer les morceaux de lotte dans un plat à service, répartir les légumes autour et napper de la sauce chaude.

LOUP DE MER

Le loup de mer est le bar de Méditerranée, plus petit que son frère de l'Atlantique.
Il se prête à des préparations aux saveurs méditerranéennes hautement parfumées.

LOUP DE MER À LA PURÉE DE PIMENTS DOUX

Pour 4 personnes

1 loup de mer de 1 kg environ
12 petits piments doux
1 gousse d'ail
1 bouquet de thym
quelques feuilles de laurier
1 citron
20 cl de crème fraîche
50 g de beurre
2 cuillerées à soupe d'huile
fleur de sel

Demander au poissonnier de lever les filets du poisson en gardant la peau. Laver, sécher les filets et les inciser en quadrillant leur peau. Préchauffer le four à 200 °C (thermostat 7). Couper les piments en deux, les égrainer, les laver et les mettre dans un plat allant au four avec une branche de thym, deux feuilles de laurier, une gousse d'ail pelée et hachée finement. Arroser d'huile d'olive, couvrir d'un papier aluminium et laisser cuire 30 minutes en remuant de temps en temps. Sortir le plat du four et retirer les piments, les couper en petits dés et les passer au mixer en y ajoutant un trait de citron et la crème fraîche. Assaisonner d'un peu de sel. Faire chauffer dans une poêle deux cuillerées à soupe d'un mélange beurre-huile. Saisir les filets de loup 2 minutes côté peau et 5 minutes sur l'autre face. Parsemer de fleur de sel, réserver au chaud. Dans un plat creux, verser la purée de piments, poser les quatre filets de loup de mer dessus, décorer de quelques brins de thym.

MAQUEREAU

Le maquereau est un petit poisson au corps fusiforme, sans écailles, au dos bleu-vert rayé de noir pouvant atteindre 40 cm de longueur, qui vit en bancs dans les mers tempérées.
Sa chair est ferme et goutteuse.
Il est principalement préparé mariné ou grillé, au vin blanc ou à la moutarde.
Il est aussi très prisé cru, pour les sushis.

FILETS DE MAQUEREAU AU BEURRE ROUGE

Pour 4 personnes

4 maquereaux de 250 g chacun
quelques têtes de brocolis
1 l de court-bouillon
3 échalotes
1 gousse d'ail
1 bouquet garni
75 cl de vin rouge
100 g de beurre
sel, poivre

Faire lever les filets de maquereau par le poissonnier. Éplucher et hacher les échalotes et l'ail. Dans une casserole, verser le vin rouge, les échalotes émincées, l'ail écrasé et le bouquet garni. Faire réduire de moitié, passer au chinois et réserver. Préparer le court-bouillon et le porter à ébullition. Pocher dans l'eau frémissante les filets de maquereau pendant 5 minutes. Les sortir, les égoutter à l'écumoire et les disposer dans un plat de service. Faire bouillir à nouveau le vin rouge aromatisé en l'assaisonnant d'une pincée de sel, de trois tours de poivre puis monter cette sauce au fouet en ajoutant progressivement le beurre. Dresser les filets sur assiette, napper de beurre rouge, accompagner de quelques têtes de brocolis cuites à la vapeur.

MAQUEREAUX À L'ÉMULSION DE MOUTARDE À L'ANCIENNE

Pour 4 personnes

4 maquereaux de 250 g chacun
1 cuillerée à soupe de moutarde à l'ancienne
1 bouquet de persil
1 citron
20 g de beurre
30 cl de crème fraîche
sel, poivre

Faire vider les maquereaux par le poissonnier en conservant les têtes. Les laver et les essuyer avec du papier absorbant. Les disposer dans un plat beurré allant au four sans qu'ils se chevauchent. Préparer le four à 220 °C (thermostat 8). Mélanger dans un bol la crème fraîche, la moutarde à l'ancienne, le jus du citron et le persil haché. Assaisonner de sel et de poivre, napper les poissons de la crème moutardée et enfourner pendant environ 15 minutes. Dresser les filets de maquereau sur assiette en préservant la crème dans le plat de cuisson. Déglacer avec un filet d'eau, racler le fond du plat pour en enlever tout le suc et verser la crème moutardée dans une casserole. Monter la sauce en incorporant le beurre par petits morceaux très délicatement. Napper de sauce bien chaude les maquereaux et décorer de petits brins de persil.

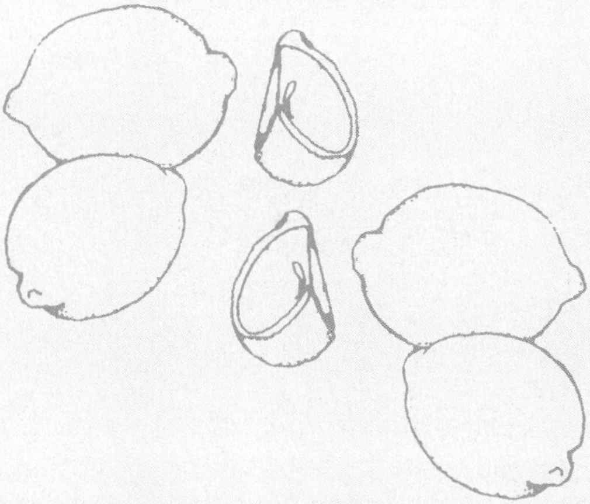

MAQUEREAUX AU MUSCADET

Pour 4 personnes

4 maquereaux de 250 g chacun
1 oignon
2 carottes
1 citron
1/2 l de court-bouillon
1/2 l de vin blanc sec
10 g de beurre
sel, poivre

Faire vider les maquereaux par le poissonnier et préserver les têtes. Bien les laver et les sécher avec du papier absorbant. Disposer les maquereaux dans un plat allant au four légèrement beurré au fond sans les superposer. Mouiller les maquereaux avec le court-bouillon et le vin blanc. Ajouter le citron, les carottes et l'oignon coupés en rondelles fines. Saler légèrement et poivrer. Couvrir le plat d'une feuille d'aluminium et enfourner à 200 °C (thermostat 7) pendant 10 minutes. Sortir le plat du four et disposer les poissons dans un plat de service. Passer au chinois le court-bouillon et préserver les rondelles d'oignon, de citron et de carotte. Faire réduire un peu le jus à la casserole. Porter à ébullition. Napper les maquereaux de ce jus bien chaud.

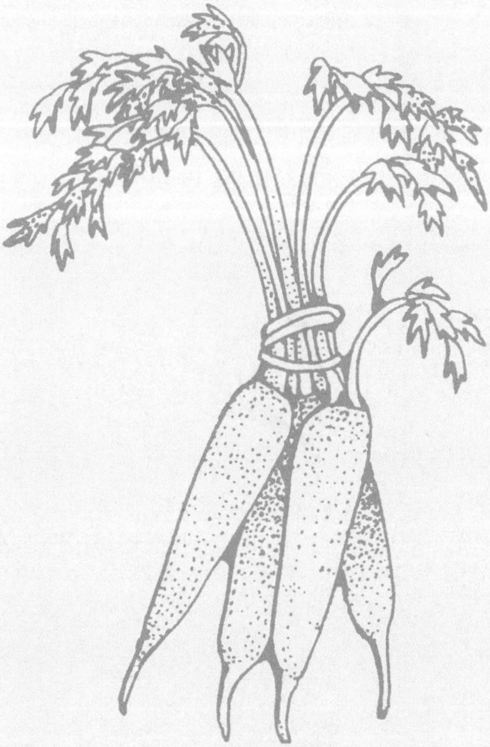

SALADE DE MAQUEREAUX MARINÉS AU VINAIGRE DE RIZ

Pour 4 personnes

2 maquereaux

300 g de haricots verts extra-fins

3 petits oignons blancs

1/2 verre de vinaigre de riz

1/2 cuillerée à café de sucre en poudre

1 cuillerée à soupe de sel fin

huile d'olive

Demander au poissonnier de lever les filets de maquereau. Saupoudrer les filets avec le sel et laisser reposer 30 minutes. Pendant ce temps, laver et équeuter les haricots. Porter à ébullition 1 l d'eau salée, y plonger les haricots et laisser cuire 10 minutes. Retirer les haricots avec l'écumoire, égoutter et laisser refroidir. Rincer les filets de maquereau de leur sel à l'eau froide et essuyer avec du papier absorbant. Préparer la marinade avec le vinaigre et le sucre. Plonger les filets de maquereau dans cette préparation pendant 15 minutes. Égoutter les filets de maquereau et les essuyer avec du papier absorbant. Trancher les filets en deux ou trois morceaux égaux. Disposer, dans chaque assiette, un quart des haricots verts, quelques lamelles d'oignon blanc, arroser de deux à trois filets d'huile d'olive et placer dessus les morceaux de maquereau marinés.

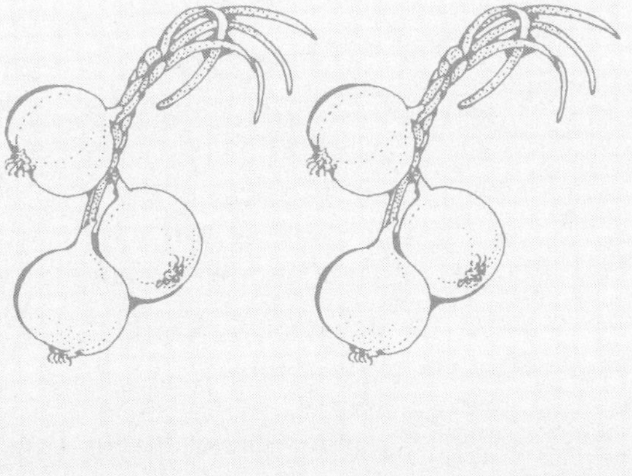

MORUE

La morue est un grand poisson qui vit
dans les mers froides.
Elle est appelée cabillaud quand elle est fraîche
(voir le chapitre correspondant).
Elle se présente salée ou séchée.
Sa chair très blanche, ferme et feuilletée
est très nutritive.
Lorsqu'elle est salée, il faut la dessaler
plusieurs heures à l'avance, à l'eau froide,
et de préférence la veille en changeant
l'eau trois à quatre fois.
Il faut aussi veiller à bien retirer les arêtes.
En brandade, en salade, au four ou à la poêle,
elle est toujours très appréciée.

BRANDADE DE MORUE

Pour 4 personnes

800 g de filet de morue salée
1 poignée d'olives noires
4 gousses d'ail
2 dl de lait
25 cl d'huile d'olive
poivre

Demander au poissonnier d'enlever la peau noire de la morue. La faire dessaler la veille en changeant l'eau à plusieurs reprises. La couper en morceaux. Faire pocher dans une casserole les morceaux de morue sans laisser bouillir pendant 10 minutes dans l'eau frémissante. Les retirer avec l'écumoire. Bien éplucher la morue et l'effeuiller dans une casserole nappée d'huile brûlante et la travailler à la spatule pour l'écraser. Ajouter l'ail pilé, puis, petit à petit, en travaillant vigoureusement la morue, lui incorporer progressivement le reste de l'huile brûlante. Faire absorber à la morue l'ensemble de l'huile, cuillerée après cuillerée. Incorporer le lait bouillant pour obtenir une pâte ayant la consistance d'une purée de pommes de terre. Poivrer abondamment. Dresser la brandade en pyramide et décorer d'olives noires dénoyautées. Servir avec des pommes de terre à l'anglaise.

MORUE À LA LYONNAISE

Pour 4 personnes

800 g de filet de morue
6 pommes de terre de taille moyenne
3 oignons
persil
ail
vinaigre
1 cuillerée à soupe d'huile d'olive

Faire dessaler la morue, lui ôter sa peau noire et la couper en morceaux. Plonger les morceaux de morue dans une casserole pendant 10 minutes à l'eau frémissante, sans la faire bouillir. Pendant ce temps, éplucher les pommes de terre, les faire cuire à l'eau bouillante, les couper en rondelles et réserver. Verser l'huile d'olive dans une sauteuse, laisser chauffer et faire revenir les oignons émincés et l'ail écrasé. Ajouter les pommes de terre en rondelles avec la morue effeuillée et faire sauter l'ensemble pour obtenir un mélange naturel. Arroser d'un filet de vinaigre. Verser le tout sur un plat chaud parsemé de persil.

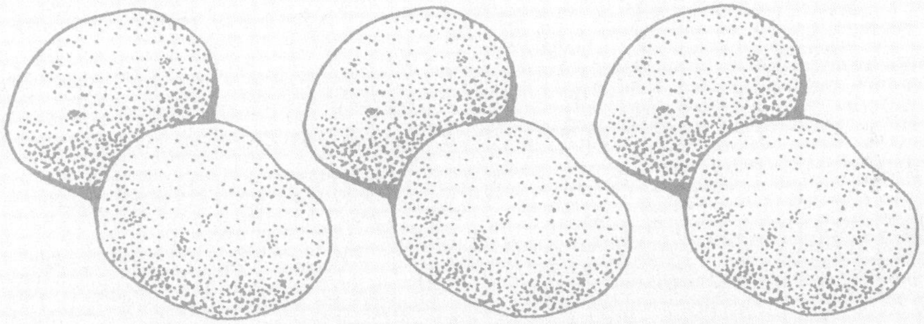

MORUE À LA PORTUGAISE

Pour 4 personnes

800 g de filet de morue
4 tomates
2 poivrons verts
1 oignon
1 gousse d'ail
1 bouquet garni
100 g d'olives noires
1 verre de vin blanc sec
1 verre d'huile d'olive
poivre de Cayenne

Retirer la peau du filet de morue. Couper en gros morceaux et faire dessaler plusieurs heures en changeant l'eau souvent. Égoutter les morceaux de morue, les sécher dans du papier absorbant et veiller à retirer toutes les arêtes. Faire chauffer l'huile dans une sauteuse et faire dorer les morceaux de morue à petit feu. Les sortir de la poêle et réserver. Couper en quartiers les tomates et les épépiner. Émincer l'oignon, épépiner les poivrons et les couper en lamelles. Faire dorer l'ensemble des légumes dans une cocotte avec un peu d'huile d'olive. Ajouter l'ail haché, le bouquet garni, le vin blanc. Donner un tour de poivre de Cayenne. Ajouter les morceaux de morue dans la cocotte et laisser mijoter pendant 30 minutes à feu doux. Ajouter les olives noires quelques minutes avant la fin de la cuisson. Servir bien chaud avec des pommes de terre vapeur légèrement persillées.

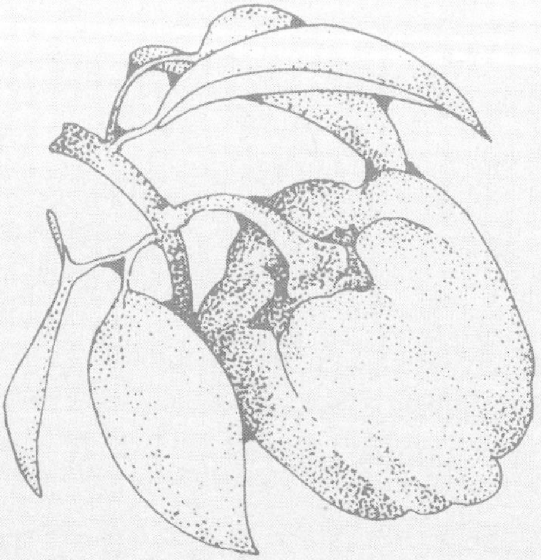

MORUE À LA SAUCE D'ANCHOIS

Pour 4 personnes

800 g de filet de morue
1 dizaine de filets d'anchois
10 g de câpres
2 branches de persil
cerfeuil
2 gousses d'ail
2 citrons
farine
1 verre de vin blanc sec
10 cl de crème fraîche
1 cuillerée à soupe de vinaigre
4 cuillerées à soupe d'huile d'olive
125 g de beurre
sel, poivre blanc

Retirer la peau noire de la morue et la faire dessaler plusieurs heures en renouvelant l'eau plusieurs fois et en retirant les arêtes. Préparer la marinade avec le jus des citrons, le poivre, le persil haché et en couvrir les morceaux de morue. Laisser mariner 1 heure environ. Dessaler les filets d'anchois, les hacher très fin au mixer. Écraser l'ail et les câpres. Dans une poêle huilée, faire revenir l'ail et les câpres écrasés, la purée d'anchois et le vinaigre. Dans une casserole, mettre à feu moyen le vin blanc, ajouter le hachis d'anchois et faire réduire à petit bouillon. Monter la sauce au fouet, hors du feu, en incorporant le beurre progressivement. Ajouter la crème fraîche, mélanger et remettre à feu doux en fouettant toujours. Retirer les morceaux de morue de la marinade. Les sécher, les fariner légèrement et les faire frire à feu moyen dans une poêle huilée. Verser la sauce d'anchois dans un plat chaud et disposer les morceaux de morue. Décorer avec quelques brins de cerfeuil.

RAIE

La raie est un grand poisson cartilagineux,
au corps aplati en losange.
Ses nageoires antérieures forment
des ailes soudées à la tête.
La chair de ce poisson, qui se détache
en filaments, est très délicate.
Les petites raies appelées raitons
sont vendues entières alors que les ailes
des grandes raies sont débitées en morceaux.
Elle doit être très fraîche car elle s'abîme rapidement.
Elle se cuisine traditionnellement avec
un beurre noir ou noisette et, de plus
en plus, froide, en salade.

RAIE À LA FONDUE DE BLANCS DE POIREAUX

Pour 4 personnes

- 4 morceaux de raie de 250 g chacun
- 2 carottes
- 2 à 4 poireaux selon la grosseur
- 2 oignons
- 1 bouquet garni
- quelques brins de persil
- 1 citron
- 1 verre de vin blanc sec
- 20 cl de crème fraîche
- 100 g de beurre
- sel, poivre

Porter à ébullition 2 l d'eau légèrement salée. Peler les carottes et les couper en rondelles. Couper les oignons en deux et verser dans l'eau les carottes, les oignons, le bouquet garni. Ajouter le vin blanc, poivrer et laisser cuire 20 minutes. Éplucher et laver soigneusement les poireaux et les couper en tronçons de 2 cm. Dans une poêle profonde, faire fondre le beurre, ajouter les blancs de poireaux et laisser cuire 10 minutes à découvert en remuant, puis 20 minutes à couvert et à feu doux. Ajouter la crème fraîche, saler, poivrer. Baisser le feu des légumes. Plonger les morceaux de raie et laisser cuire dans l'eau frémissante 10 minutes. Retirer la raie avec l'écumoire, l'égoutter, lui enlever la peau et la dégager délicatement du cartilage. Dans un plat creux chauffé, étaler la couche de fondue de poireaux, disposer les morceaux de raie, arroser d'un beurre citronné, saupoudrer de persil plat ciselé.

RAIE AU BEURRE NOIR ET CITRON VERT

Pour 4 personnes

2 ailes de raie de 500 g chacune
20 g de câpres
court-bouillon
2 citrons verts
150 g de beurre
sel, poivre

Préparer un court-bouillon et porter à ébullition. Baisser le feu et plonger les ailes de raie dans l'eau frémissante, laisser cuire 10 minutes à petit bouillon. Éteindre le feu, laisser refroidir. Égoutter le poisson, enlever la peau et le réserver au chaud. Faire réduire aux deux tiers le court-bouillon, le passer au chinois. Faire fondre le beurre dans une poêle jusqu'à ce qu'il prenne une teinte couleur noisette. Ajouter au beurre le jus des citrons, un verre de court-bouillon réduit, et les câpres. Laisser réduire encore quelques minutes. Poser les ailes de raie dans un plat creux, arroser de sauce. Servir bien chaud, accommoder de pommes de terre persillées.

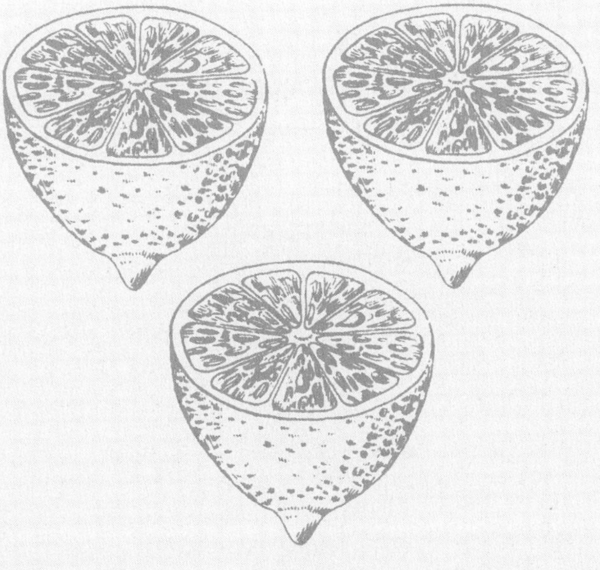

RAIE EN VINAIGRETTE TIÈDE

Pour 4 personnes

4 morceaux de raie de 200 g chacun
1 salade feuilles de chêne
3 échalotes
quelques graines de coriandre
1 brin de thym
2 brins de persil
3 tiges de ciboulette
1 bouquet garni
1 cuillerée à café de moutarde forte
1 verre de lait
10 cl de vinaigre
4 cuillerées à soupe d'huile d'arachide
1 cuillerée à soupe d'huile de noix
sel de mer, poivre blanc

Ciseler le thym, le persil, la ciboulette. Éplucher et émincer les échalotes. Préparer un court-bouillon et mélanger à l'eau le lait, le bouquet garni, une poignée de sel de mer, quelques tours de poivre blanc. Porter à ébullition puis baisser le feu, plonger les ailes de raie dans le court-bouillon et laisser frémir 10 minutes à petit bouillon puis laisser tiédir. Laver et égoutter la salade, diviser les feuilles. Retirer le poisson du feu, enlever la peau et délicatement l'arête centrale. Préparer la vinaigrette avec l'huile d'arachide et l'huile de noix, le thym, le persil, la ciboulette, les échalotes et le vinaigre. La poser au bain-marie sur le court-bouillon encore chaud.

Dans un plat creux faire un nid de salade et disposer les quatre morceaux de raie. Émulsionner la vinaigrette tiède et en arroser l'ensemble. Parsemer de graines de coriandre concassées.

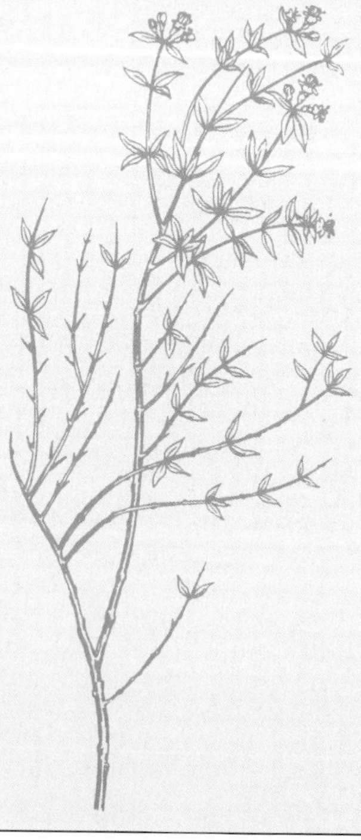

SALADE DE RAIE AUX ÉPINARDS

Pour 4 personnes

2 ailes de raie de 500 g chacune

1 kg d'épinards

court-bouillon

1 cuillerée à soupe de moutarde en grains

2 cuillerées à soupe de vinaigre balsamique

3 cuillerées à soupe d'huile

sel, poivre

Dans une large casserole, préparer un court-bouillon, porter à ébullition. Laisser tiédir, plonger les ailes de raie dans l'eau frémissante 10 minutes environ. Arrêter la cuisson et réserver à couvert. Laver, égoutter les épinards. Faire bouillir de l'eau salée dans une casserole. Y plonger les épinards, laisser bouillir 2 minutes, les égoutter dans un chinois. Mélanger dans un bol le vinaigre, la moutarde à l'ancienne, le sel, le poivre et l'huile. Retirer le poisson du court-bouillon, l'égoutter, enlever sa peau ainsi que la membrane centrale très délicatement avec une spatule. Étaler dans un plat de service les épinards, disposer les ailes de raie légèrement effilées et arroser avec la vinaigrette.

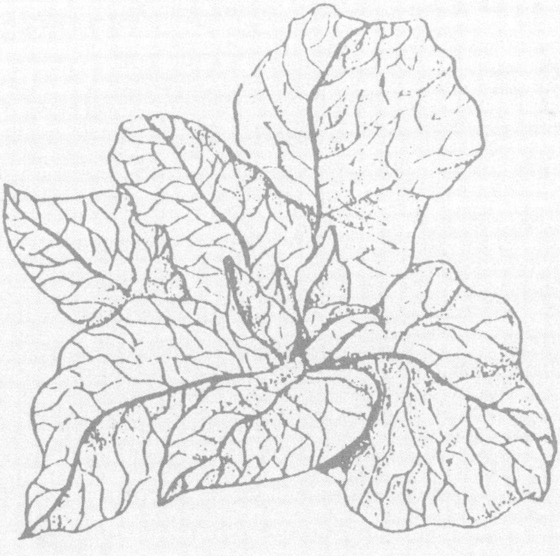

RASCASSE

La rascasse est un poisson de taille moyenne, brun ou rouge, tacheté de petits points noirs, hérissé d'épines, avec une grosse tête et une large bouche, qui vit dans les mers tropicales et chaudes. Poisson de Méditerranée par excellence, elle entre dans la composition de la bouillabaisse et de la soupe de poissons. Sa chair délicate et fragile se cuisine très bien aussi en papillotes.

FILETS DE RASCASSE EN PAPILLOTES

Pour 4 personnes
1 belle rascasse de 1 kg
4 tiges de fenouil
2 petits oignons blancs
2 brins de persil
quelques graines de coriandre
1 citron
1 verre d'huile d'olive
beurre blanc
1 pincée de fleur de sel
poivre

Faire lever les filets de rascasse par le poissonnier. Préparer 4 feuilles de papier d'aluminium. Passer à l'huile d'olive les deux côtés des filets. Huiler aussi le fond du papier. Disposer, dans chacune des feuilles creusées, un filet de rascasse. Assaisonner de sel, de coriandre et disposer sur chaque filet des rondelles d'oignon et de citron et une tige de fenouil. Recouvrir d'un peu d'huile d'olive. Bien refermer les papillotes en laissant un vide pour que la chaleur circule bien. Enfourner à four chaud (200 °C – thermostat 7) pendant 10 minutes. Servir avec un beurre blanc persillé et des pommes de terre cuites à la vapeur.

ROUGET BARBET

Le rouget barbet – qui ne doit pas être confondu avec le rouget grondin de l'Atlantique car il n'est pas du tout de la même famille – est un petit poisson long de couleur rosée des mers tropicales et tempérées.
Il en existe de deux sortes, le rouget de vase et le rouget de roche.
Ce dernier, plus petit et de chair plus fine que le précédent, se prépare grillé, parfois juste écaillé et essuyé.
Le rouget de vase se cuisine le plus souvent au four.
On peut aussi en lever des filets que l'on fera poêler.

FILETS DE ROUGETS GRILLÉS À LA TAPENADE

Pour 4 personnes

- *4 filets de petits rougets*
- *300 g de tapenade ou 200 g d'olives noires*
- *50 g de filets d'anchois*
- *100 g de câpres*
- *3 cuillerées à soupe d'huile d'olive*
- *1 cuillerée à soupe de graines de thym*
- *sel, poivre*

Demander au poissonnier de lever les filets des rougets. Les essuyer avec du papier absorbant. Préparer la tapenade en mixant finement les olives dénoyautées, les anchois, les câpres et la moitié de l'huile d'olive. Disposer les filets sur la plaque du four légèrement huilée. Les enduire de tapenade sur les deux faces. Poivrer légèrement et saupoudrer de thym. Enfourner à mi-hauteur, position gril, et faire griller à chaleur moyenne 2 minutes de chaque côté en les surveillant et en les retournant délicatement. Servir sur un lit de bulbes de petits fenouils cuits à la vapeur et passés à la poêle au beurre.

POÊLÉE DE ROUGETS À LA PURÉE D'AUBERGINES

Pour 4 personnes

800 g de petits rougets
4 aubergines
2 gousses d'ail
1 oignon
1 brin de persil
1 citron
10 cl d'huile d'olive
fleur de sel
sel, poivre

Laver les aubergines, couper leurs extrémités et les trancher sans les peler. Saler et laisser dégorger 30 minutes. Écailler et vider les rougets, lever les filets et enlever les arêtes avec précaution. Faire chauffer trois cuillerées à soupe d'huile d'olive dans une poêle. Faire revenir l'oignon émincé, l'ail écrasé puis les aubergines après les avoir égouttées. Ajouter le persil haché et laisser cuire à feu doux, à couvert, pendant 20 minutes, en remuant de temps en temps. Passer la préparation à la moulinette. Rectifier l'assaisonnement et réserver au chaud. Poêler les filets de rouget à l'huile quelques minutes de chaque côté. Déposer dans les assiettes la purée d'aubergines et disposer les poissons dessus. Parsemer de fleur de sel et arroser d'un jus de citron.

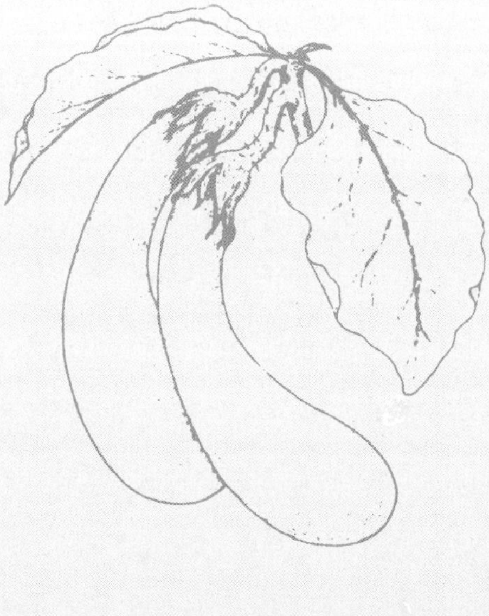

ROUGETS À L'ORIENTALE

Pour 4 personnes

1 kg de petits rougets
150 g de tomates
3 brins d'aneth
3 brins de persil
1 brin de thym
1 pincée de graines de coriandre
1/2 cuillerée à café de safran
2 verres de vin blanc sec
20 cl d'huile d'olive
sel, poivre

Faire nettoyer, écailler et vider les rougets. Les passer à l'eau froide, les sécher avec du papier absorbant. Disposer les rougets dans un plat allant au four. Arroser d'huile, saler, poivrer, verser le vin blanc. Couper en fins quartiers les tomates. Ciseler le persil et égrainer le thym. Concasser quelques graines de coriandre. Recouvrir les poissons des tomates et des épices en saupoudrant avec le safran. Mettre au four préalablement chauffé à 180 °C (thermostat 5). Couvrir le plat d'une feuille d'aluminium. Laisser cuire 20 minutes. Servir dans le plat de cuisson et décorer de brins d'aneth.

ROUGETS BARBETS AU FOUR

Pour 4 personnes

4 rougets barbets de 250 g chacun
2 carottes
300 g de champignons de Paris
1 oignon
1/2 verre de vin blanc sec
4 cuillerées à soupe d'huile d'olive
20 g de beurre
sel, poivre

Écailler, vider et laver les rougets. Bien les sécher avec du papier absorbant. Préchauffer le four à 200 °C (thermostat 7). Saler, poivrer légèrement les rougets sur les deux faces. Les disposer dans un plat allant au four sans les superposer, et les arroser d'huile. Les enfourner 10 minutes environ. Pendant ce temps, éplucher, et émincer l'oignon, le faire revenir dans une casserole avec le beurre. Nettoyer les champignons et les couper en lamelles. Éplucher les carottes et les effiler en julienne. Ajouter à l'oignon fondu la julienne de carottes et les champignons émincés. Ajouter un demi-verre d'eau et le vin blanc. Couvrir et laisser cuire 15 minutes. Disposer les rougets dans un plat de service creux et chaud. Verser la nage de légumes sur les rougets. Servir aussitôt.

ROUGETS SAUCE PISTOU

Pour 4 personnes

1 kg de petits rougets de roche
2 tomates
2 gousses d'ail
1 branche de basilic
40 g de parmesan râpé
20 cl d'huile d'olive
20 g de beurre
sel, poivre

Faire nettoyer, écailler et vider les rougets. Enlever le plus possible d'arêtes sans toutefois tailler les filets. Les passer à l'eau froide et les sécher dans du papier absorbant. Ciseler finement les feuilles de basilic, hacher l'ail, et piler le tout dans un mortier, ajouter une pincée de sel. Peler les tomates, enlever les pépins et les couper en petits dés. Ajouter le parmesan et l'huile d'olive par petites touches sans cesser de piler. Faire fondre le beurre dans une poêle. Poêler les rougets quelques minutes de chaque côté juste pour les colorer. Napper les assiettes de sauce et disposer les rougets.

SARDINE

La sardine est un petit poisson pélagique argenté des eaux tempérées, d'une vingtaine de centimètres, au dos bleu-vert, qui se déplace par bancs immenses.
Les trois quarts des sardines sont réservées à la conserve, à l'huile ou au naturel.
Fraîches, elles sont excellentes car leur chair est très savoureuse.
On peut trouver deux variétés principales : les petites, méditerranéennes, vouées à la friture, et les bretonnes, plus grasses, que l'on peut farcir ou faire mariner.

SARDINES EN PAPILLOTES AUX POIVRONS

Pour 4 personnes

- *24 sardines de taille moyenne*
- *2 poivrons rouges*
- *1 poivron vert*
- *1 tomate*
- *8 feuilles de laurier*
- *1 bouquet d'aneth*
- *1 citron*
- *20 cl d'huile d'olive*
- *sel, poivre*

Écailler, laver, vider et étêter les sardines. Retirer l'arête centrale par le dos. Étaler les sardines dans un plat. Assaisonner de sel, poivre et de brins d'aneth ciselés. Arroser l'ensemble d'huile d'olive et réserver au frais. Préchauffer le four à 200 °C (thermostat 7). Bien nettoyer intérieurement les poivrons. Couper en lamelles les poivrons rouges et en julienne le poivron vert. Faire revenir quelques minutes à feu doux l'ensemble des poivrons dans un peu d'huile d'olive. Couper en petits dés la tomate. Préparer quatre feuilles d'aluminium et en huiler l'intérieur. Garnir le fond des papillotes du poivron vert en julienne et de la tomate coupée. Étaler six sardines dans chaque papillote et disposer les lamelles de poivron rouge et les feuilles de laurier. Arroser les sardines d'un filet de citron. Fermer les papillotes bien hermétiquement et enfourner 10 minutes environ. Présenter aux convives dans les papillotes.

SARDINES FARCIES AUX ÉPINARDS

Pour 4 personnes

24 sardines de taille moyenne
300 g d'épinards en branches
1 cuillerée à café de fleur de thym
1 cuillerée à café de chapelure
1 gousse d'ail
1 bouquet de persil
1 blanc d'œuf cuit
1 cuillerée à soupe rase de farine
20 cl de lait chaud
10 dl d'huile d'olive
sel, poivre

Préparer les épinards en supprimant les queues dures et les laver à grande eau. Les blanchir à l'eau bouillante légèrement salée de 2 à 3 minutes, puis les hacher au couteau. Faire chauffer l'huile dans une casserole et faire revenir les épinards en saupoudrant avec la farine et en mouillant avec le lait chaud. Ajouter l'ail pilé, le persil haché, le blanc d'œuf émincé, assaisonner de sel et de poivre et réserver. Chauffer le four à 220 °C (thermostat 7-8). Ouvrir les sardines, les étêter, les vider, les écailler, enlever l'arête centrale par le ventre et les laver. Les sécher avec un papier absorbant. Remplir chaque sardine d'une cuillerée à soupe de farce. Préparer une plaque huilée allant au four. Disposer les sardines à plat, serrées les unes contre les autres. Saupoudrer de chapelure et de fleur de thym et arroser d'huile d'olive. Enfourner 5 minutes environ.

SARDINES GRILLÉES AU FENOUIL

Pour 4 personnes

- *24 sardines de taille moyenne*
- *1 gros bouquet de branches de fenouil frais*
- *150 g de beurre*
- *1 cuillerée à soupe de gros sel*
- *fleur de sel, poivre blanc*

Garder les sardines entières sans les vider ni les étêter. Saupoudrer de gros sel 1 heure avant de les servir. Préchauffer le gril ou le barbecue. Ciseler quelques-unes des feuilles de fenouil dans une tasse et réserver. Disposer le reste de fenouil sur le gril, placer les sardines dessus, pas trop serrées, après les avoir essuyées de leur sel. Les faire griller 2 minutes de chaque côté en les retournant délicatement. Faire fondre le beurre et y ajouter, hors du feu, le fenouil ciselé. Donner quelques tours de poivre blanc dans le beurre et le servir à part, dans une saucière. Saler avec la fleur de sel.

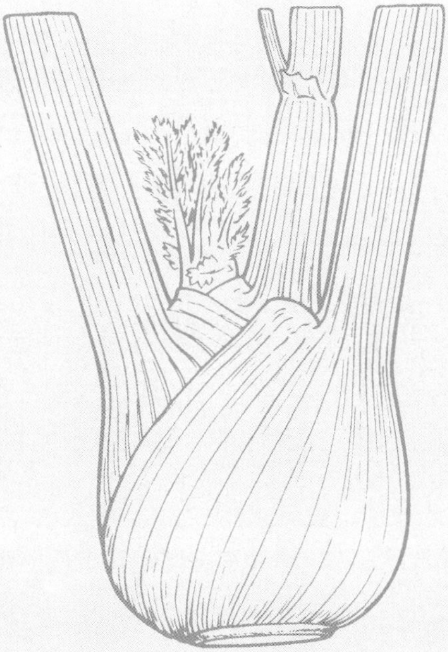

SARDINES MARINÉES FAÇON ESCABÈCHE

Pour 4 personnes

24 sardines de taille moyenne
2 carottes
1 oignon
2 gousses d'ail
1 sachet de safran
1 petit piment
1 branche de thym
1 citron
2 cuillerées à soupe de farine
30 cl d'eau
3 dl de vinaigre de vin
2 dl d'huile d'olive
sel, poivre

Écailler et vider les sardines mais préserver les têtes et les queues. Les laver et bien les essuyer avec du papier absorbant. Éplucher les carottes et les couper en rondelles fines. Faire chauffer la moitié de l'huile d'olive dans une grande poêle. Passer les sardines dans la farine et les faire frire en les retournant. Les laisser égoutter sur du papier absorbant et les étaler dans un plat de service creux. Dans une casserole faire revenir le reste de l'huile d'olive, l'oignon émincé, l'ail haché et les rondelles de carotte en tournant délicatement avec la spatule. Verser l'eau, le vinaigre, le thym égrené, le safran, le piment haché, saler, poivrer et laisser cuire 15 minutes. Laisser la marinade refroidir à température ambiante. La passer au chinois en préservant les carottes puis en recouvrir les sardines. Disposer sur les sardines les rondelles de carotte cuites et des tranches de citron finement taillées. Couvrir de film étirable et mettre au réfrigérateur plusieurs heures avant de servir frais.

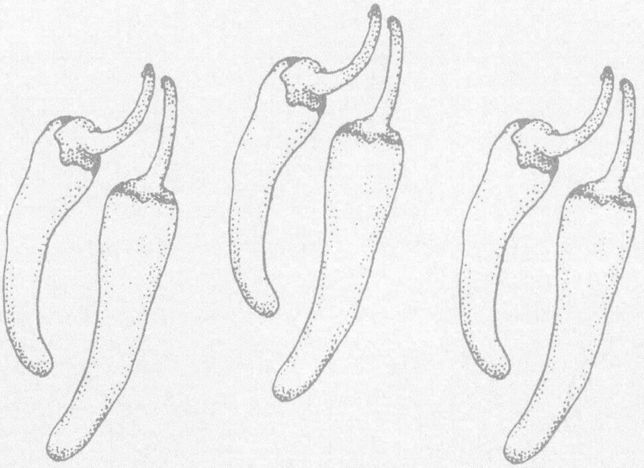

SAUMON

*Le saumon est un gros poisson migrateur,
lòngiligne, à la chair de couleur rose qui abandonne
la mer et remonte les fleuves au moment du frai.
Il se présente sur les étalages en portions,
en filets, en darnes ou en escalopes.
Aujourd'hui il provient surtout d'élevages.
On peut cuisiner ce poisson gras à chair
ferme de multiples façons : cuit, mi-cuit,
cru ou fumé, et à toutes les sauces.*

ŒUFS COCOTTE AU SAUMON

Pour 4 personnes

- *4 petites tranches de saumon fumé*
- *4 œufs*
- *2 brins d'aneth*
- *noix de muscade*
- *20 cl de crème fraîche*
- *20 g de beurre*
- *poivre*

Hacher grossièrement les tranches de saumon au couteau. Beurrer des cassolettes individuelles. Répartir au fond des cassolettes les quatre tranches de saumon. Casser un œuf dans chacune d'elles. Couvrir de crème, poivrer légèrement. Râper un peu de noix de muscade. Ajouter un copeau de beurre. Mettre au four à feu vif quelques minutes seulement. Lorsque la crème arrive à ébullition, retirer du four et attendre 1 minute avant de servir. Ajouter les brins d'aneth.

PIZZA AU SAUMON FUMÉ ET À LA CORIANDRE

Pour 4 personnes
Pâte
1 verre d'eau tiède
300 g de farine
1 sachet de levure de boulanger
1 pincée de sel
1/2 verre d'huile d'olive
Garniture
2 tranches de saumon fumé
100 g de mozzarella
30 cl de crème fraîche
2 brins d'aneth

Délayer le sachet de levure dans un verre d'eau tiède. Verser dans un saladier et ajouter petit à petit la farine en mélangeant avec les doigts. Saler et pétrir cette pâte pendant 15 bonnes minutes. Ajouter l'huile et finir de pétrir. Laisser reposer la pâte pendant 2 heures puis l'étaler dans un moule légèrement huilé. Étaler la crème fraîche sur le fond de la pâte à pizza. Couper en tranches fines la mozzarella et en lamelles le saumon fumé. Par-dessus la crème étaler bien uniformément les lamelles de mozzarella puis le saumon. Enfourner à four moyen (200 °C – thermostat 7) pendant 20 minutes environ. Sortir du four, assaisonner d'huile d'olive et parsemer d'aneth ciselé.

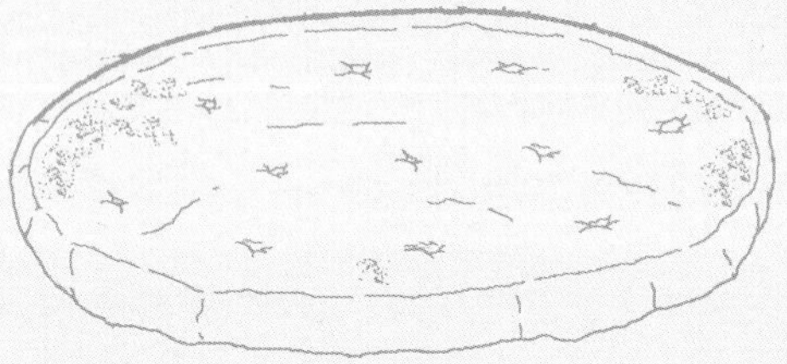

RAVIOLIS DE SAUMON À L'OSEILLE

Pour 4 personnes

Pâte

500 g de farine de blé

4 œufs entiers

1 pincée de sel

Farce

500 g de filet de saumon

1 grosse poignée de feuilles d'oseille

2 œufs

100 g de fromage blanc

noix de muscade

100 g de beurre

sel, poivre

Creuser un puits dans la farine, casser les œufs entiers et ajouter le sel. Travailler du bout des doigts jusqu'à ce que la farine soit complètement absorbée. Pétrir longuement et vigoureusement. Abaisser la pâte au rouleau sur une épaisseur de 1 mm. Découper la pâte au couteau ou à la roulette pour réaliser des carrés de 5 cm de côté. Hacher finement la chair du poisson. Retirer les queues d'oseille, les laver soigneusement et les faire étuver quelques minutes à couvert sur feu doux pour faire fondre les feuilles, sans eau, sans matière grasse. Les égoutter, les presser et les hacher grossièrement au couteau. Dans un saladier, mettre le hachis de poisson, l'oseille, les œufs entiers et le fromage blanc. Saler, poivrer, râper la noix de muscade et bien mélanger. Disposer la farce au centre des carrés. Recouvrir avec l'autre moitié et presser sur le pourtour avec le doigt. Dans un faitout, porter à ébullition de l'eau légèrement salée.
Y jeter les raviolis et laisser cuire le temps qu'ils remontent à la surface. Égoutter délicatement et arroser de beurre fondu.

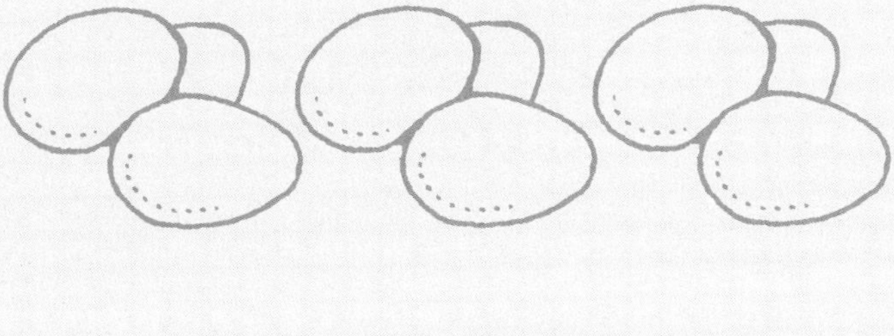

SAUMON À L'UNILATÉRAL SAUCE SOJA

Pour 4 personnes

4 pavés de saumon de 200 g chacun

sauce soja

baies roses concassées

4 cuillerées à soupe d'huile d'olive ou 20 g de beurre fondu

fleur de sel

Demander au poissonnier de lever un ou deux filets de saumon suivant la grosseur, en préservant la peau. Veiller à retirer les grosses arêtes sur la ligne centrale des filets. Découper les filets de saumon en quatre pavés égaux. Faire chauffer dans une poêle l'huile d'olive à feu moyen. Disposer les pavés de saumon et laisser cuire jusqu'à ce qu'ils prennent une couleur blanche sur plus de la moitié de leur épaisseur et restent rose vif sur le dessus. Les placer sur des assiettes chaudes, accompagnés d'épinards en branches cuits à la vapeur. Saupoudrer de fleur de sel, de baies roses concassées et assaisonner d'un filet d'huile d'olive ou de beurre fondu. Servir avec la sauce soja.

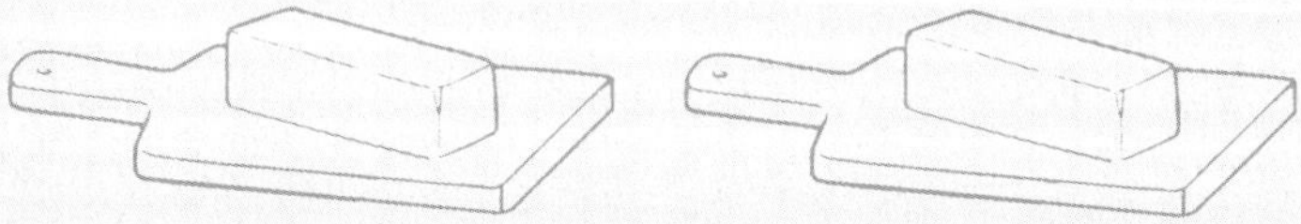

SAUMON POÊLÉ AUX POINTES D'ASPERGES VERTES

Pour 4 personnes
4 pavés de saumon de 200 g chacun
2 cuillerées à soupe d'huile
1 botte d'asperges vertes
200 g de beurre
1 citron
fleur de sel, poivre

Éplucher et couper les pointes d'asperges à 5 ou 6 cm. Porter à ébullition l'eau salée dans une casserole à demi pleine. Y plonger les asperges, baisser le feu, couvrir et laisser cuire 10 minutes. Pendant ce temps, faire chauffer l'huile dans une poêle. Disposer les pavés de saumon et, à feu doux, poêler les pavés 3 minutes de chaque côté en les retournant délicatement. Retirer les pavés de saumon et les disposer sur un plat de service. Saupoudrer de fleur de sel et garder au chaud. Retirer les asperges, les égoutter et les disposer aux côtés des pavés de saumon. Faire fondre le beurre à feu doux dans une petite casserole, y ajouter le jus d'un citron en fouettant. Saler et poivrer légèrement le beurre et le verser, bien chaud, sur les pavés et les asperges. Servir aussitôt.

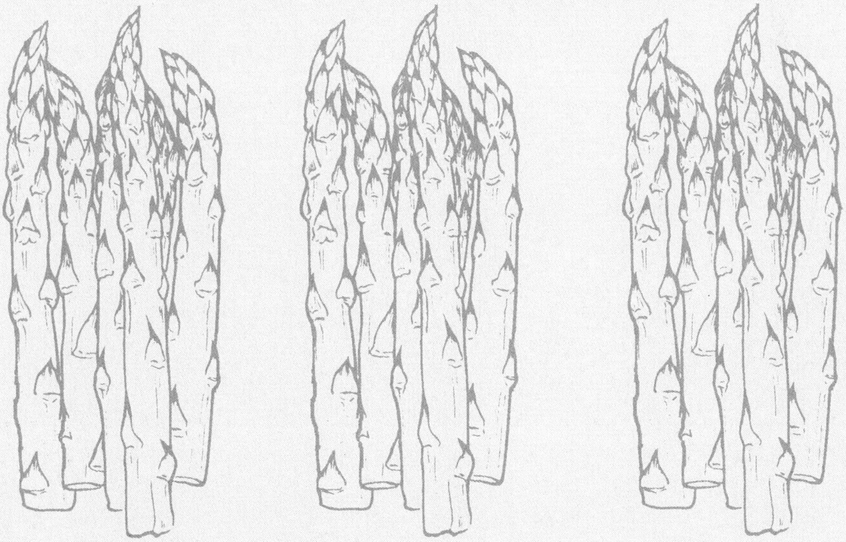

SUSHIS AU SAUMON ET AU THON GRAS

Pour 4 personnes

400 g de filet de saumon

400 g de thon gras

400 g de riz rond

sauce soja japonaise

wasabi (moutarde verte japonaise)

4 cuillerées à soupe de vinaigre de riz

Laver le riz dans l'eau froide et le rincer jusqu'à ce que l'eau devienne claire. Laisser tremper le riz dans sa dernière eau pendant 30 minutes environ. Bien égoutter le riz dans une passoire. Porter à ébullition dans une casserole ou à l'autocuiseur 1/2 l d'eau salée. Y plonger le riz et laisser cuire 20 minutes environ à couvert. Hors du feu et toujours à couvert, laisser gonfler les grains de riz encore 5 minutes. Égoutter le riz et le verser dans un saladier. Ajouter le vinaigre de riz et bien le mélanger au riz jusqu'à ce qu'il refroidisse puis former des petites boulettes de riz de la grosseur d'une noix. Tailler les filets de saumon cru et de thon gras en morceaux rectangulaires de la taille d'un domino de 1,5 cm de largeur et environ 8 mm d'épaisseur. Passer un peu de wasabi sur les tranches de poisson. Placer les tranches de poisson sur les boulettes de riz, la wasabi touchant le riz, en enveloppant bien les boulettes avec les tranches. Présenter les sushis avec une sauce soja japonaise et des tranches de gingembre marinées dans le vinaigre.

MON CONSEIL : LA PRÉSENTATION EN FILET, SUR ASSIETTE, EXIGE UNE DEXTÉRITÉ PARTICULIÈRE

MON CONSEIL : L'ORIGINALITÉ DU MONTAGE PEUT DONNER UN ATTRAIT PARTICULIER AUX PLATS LES PLUS SIMPLES

MON CONSEIL : LA DÉCORATION EST UN ÉLÉMENT DÉTERMINANT DANS LA RÉUSSITE D'UN PLAT

Mon conseil : taillé en darnes ou en pavés, le saumon est resté le poisson idéal des jours de fête

MON CONSEIL : L'OIGNON, L'ÉCHALOTE ET LE VIN BLANC ENTRENT LE PLUS SOUVENT DANS LA COMPOSITION DES SAUCES QUI ACCOMPAGNENT LES POISSONS

Mon conseil : les petits légumes nouveaux, rissolés dans le fumet, accompagnent superbement les rôtis de poissons

MON CONSEIL : DIFFÉRENTS POISSONS PEUVENT ÊTRE RÉUNIS DANS UNE MÊME PRÉPARATION

Mon conseil : l'harmonie des couleurs est tout aussi importante que celle des saveurs

MON CONSEIL : LES FILETS PEUVENT SERVIR À CONSTITUER DES PETITS PAINS DE POISSONS FARCIS

MON CONSEIL : QUELQUES HERBES FRAÎCHES DONNENT AUX POISSONS CRUS OU FUMÉS UN COMPLÉMENT DE SAVEUR INDISPENSABLE

MON CONSEIL : LES CHAMPIGNONS SONT PARMI LES INGRÉDIENTS LES PLUS RECHERCHÉS POUR ACCOMPAGNER LES POISSONS ET COMPLÉTER LEURS SAUCES

Mon conseil : les petits légumes frits et variés donnent de la couleur à l'ensemble de la préparation

MON CONSEIL : L'UTILISATION DE POISSONS CRUS ET CUITS DANS UNE MÊME PRÉPARATION EST NON SEULEMENT POSSIBLE MAIS ORIGINALE

Mon conseil : le poisson peut aussi être découpé en émincé, tout comme les légumes qui l'accompagnent

MON CONSEIL : LA CRÈME EST UN INGRÉDIENT SOUVENT UTILISÉ DANS LES SAUCES POUR POISSON

Mon conseil : en cuisine, la créativité est souvent bonne conseillère

TARTARE DE SAUMON AUX BAIES ROSES

Pour 4 personnes

- *4 pavés de saumon de 250 g chacun*
- *gingembre frais*
- *2 branches d'aneth frais*
- *1 pincée de baies roses concassées*
- *2 citrons jaunes*
- *4 cuillerées à soupe d'huile d'olive*
- *sel, poivre*

Couper les pavés de saumon en petits morceaux. Sur une planche en bois, hacher au hachoir ou au couteau le saumon cru avec l'aneth ciselé. Ajouter le jus des citrons et l'huile d'olive. Râper une gousse de gingembre frais. Bien mélanger le tartare. Saler abondamment et poivrer de baies roses concassées. Mettre au frais 1/2 heure avant de servir. Composer sur chaque assiette un petit dôme de tartare. Décorer avec des fleurs d'aneth.

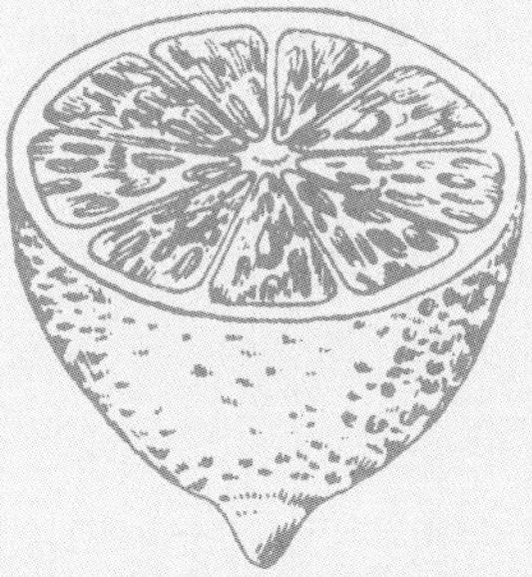
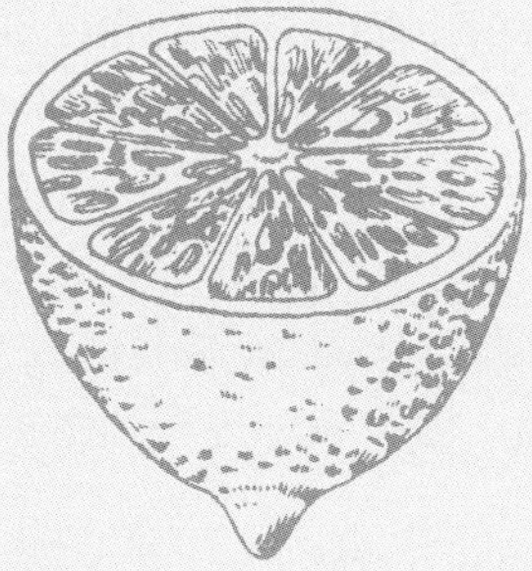
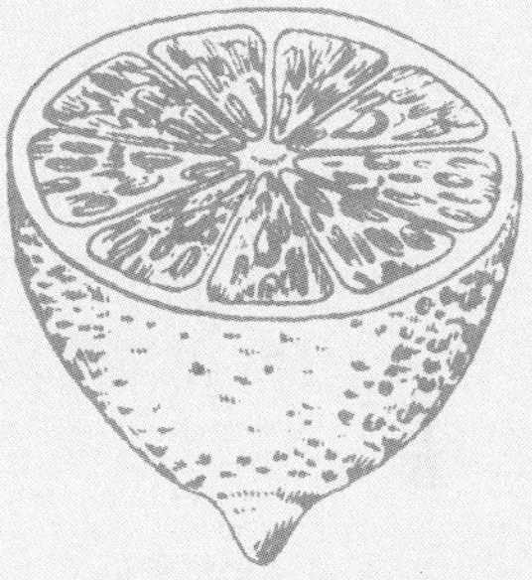

TERRINE DE SAUMON AUX PETITS POIS

Pour 4 personnes

- *400 g de filets de saumon frais*
- *1/2 livre de petits pois frais écossés*
- *1 bouquet d'oseille*
- *4 œufs*
- *piment de Cayenne en poudre*
- *3 cuillerées à soupe de crème fraîche*
- *paprika*
- *sel, poivre*

Rincer les petits pois puis les cuire à la vapeur (en autocuiseur ou au cuiseur à vapeur). Détailler le saumon en petits cubes. Le mixer. L'aromatiser de paprika et d'une pointe de piment de Cayenne. Le verser dans une jatte. Ajouter la crème, le sel et le poivre. Bien mélanger.

Battre les œufs en omelette dans une jatte. Y ajouter l'oseille ciselée et les petits pois. Mélanger ensuite les deux préparations. Beurrer un moule à cake. Y verser la préparation puis faire cuire 1 heure au bain-marie (au four) couvert d'un papier d'aluminium. Laisser refroidir avant de démouler. Servir frais, en tranches, avec un coulis (tomate ou poivron) ou d'une sauce crème et ciboulette hachée. Accompagner de toasts grillés. Servir avec un bon vin blanc frais (muscadet, bordeaux blanc...).

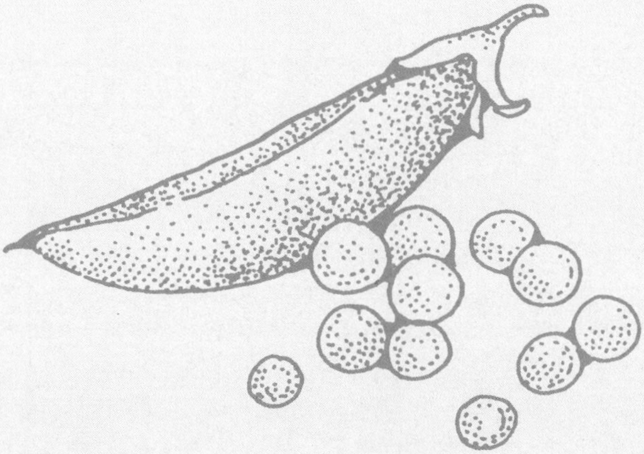

SOLE

*La sole est un petit poisson plat de forme ovale,
de couleur grise ou brune sur sa face droite,
blanche sur sa face gauche.
Elle vit couchée sur les fonds sablonneux
des mers tempérées.
C'est l'un des poissons les plus estimés
des gourmets mais aussi l'un des plus onéreux.
Sa chair est ferme et excellente.
Elle se cuisine principalement en filets,
agrémentés de beurre aromatisé ou de sauces
plus élaborées.*

FILETS DE SOLE AU CURRY

Pour 4 personnes

8 filets de sole
1 cuillerée à soupe de curry
2 jaunes d'œufs
1 brin de persil
20 g de farine
1/2 verre de vin blanc sec
200 g de crème fraîche
20 g de beurre
sel, poivre

Préparer un court-bouillon avec le vin blanc et porter à ébullition. Baisser le feu et y plonger les filets de sole pendant 3 minutes. Sortir les filets à l'écumoire. Couper les filets de sole en deux dans le sens de la longueur. Rouler les filets en turban et les disposer dans un plat allant au four. Filtrer le court-bouillon. Dans une casserole, préparer un roux avec le beurre et la farine, délayer et ajouter petit à petit le court-bouillon réduit puis la crème fraîche. Ajouter le curry, saler, poivrer. Monter la sauce hors du feu avec deux jaunes d'œufs en fouettant. Napper de cette sauce les turbans de sole. Enfourner et laisser 2 minutes dans le four position gril. Saupoudrer de persil ciselé.

FILETS DE SOLE SAUCE CHAMPAGNE

Pour 4 personnes

8 filets de sole
1/2 cuillerée à café de noix de muscade râpée
1 bouquet de persil plat
1 court-bouillon
20 cl de champagne
150 g de crème fraîche
100 g de beurre
sel, poivre blanc

Faire lever les filets par le poissonnier. Mélanger dans une casserole le beurre coupé en petits morceaux et la crème fraîche. Verser le champagne, fouetter vivement, assaisonner de la noix de muscade, de sel et de poivre blanc. Porter à ébullition et laisser réduire.
Faire pocher les filets de sole dans un court-bouillon, 3 minutes environ. Disposer les filets de sole sur assiette et napper de sauce au champagne. Décorer de persil ciselé.

GOUJONNETTES DE SOLE À L'ESTRAGON

Pour 4 personnes

4 soles de 250 g chacune
2 cuillerées à soupe de farine
2 branches d'estragon
1 bol de lait
1/2 verre d'huile
fleur de sel, poivre

Faire lever par le poissonnier les filets de sole. Dans chaque filet couper des goujonnettes en forme de losange. Les verser dans un bol, saler, poivrer. Remplir une assiette creuse de la farine et de l'estragon haché. Plonger les goujonnettes de sole dans le lait, les égoutter, les rouler plusieurs fois dans la farine, secouer pour faire tomber l'excédent. Verser dans une grande poêle 1/2 verre d'huile. Faire frire les goujonnettes à l'huile chaude quelques instants en vérifiant qu'elles ne collent pas entre elles. Lorsque la friture commence à blondir, retirer et égoutter les goujonnettes à l'écumoire et les déposer sur du papier absorbant. Saupoudrer légèrement de fleur de sel et servir avec une sauce béarnaise tiède.

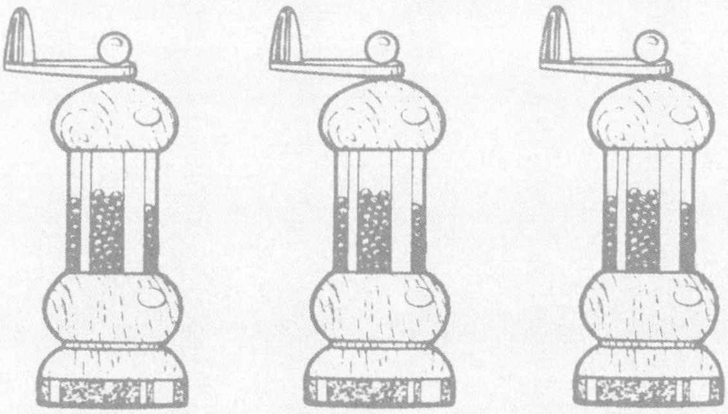

SOLES À LA VAPEUR DE MENTHE

Pour 4 personnes

16 filets de sole de 100 g chacun
2 tiges de menthe
1 citron
pignons concassés
150 g de beurre
sel

Passer à l'eau la menthe et l'effeuiller. Remplir le compartiment inférieur du faitout de 1,5 l d'eau légèrement salée et porter à ébullition. Étaler sur le compartiment supérieur les feuilles de menthe. Rouler les filets de sole sans trop les serrer, et les attacher avec une petite pique en bois. Poser les filets sur la menthe les uns à côté des autres sans les surcharger et laisser cuire 5 minutes à la vapeur avec le couvercle totalement fermé puis 5 autres minutes avec le couvercle légèrement ouvert. Pendant la cuisson, faire fondre le beurre dans une cassolette.
Y ajouter le jus de citron et battre au fouet pour émulsionner. Dérouler les filets sur un plat de service maintenu au chaud au bain-marie. Décorer de quelques feuilles de menthe cuites, arroser du beurre bien chaud et saupoudrer de pignons concassés.

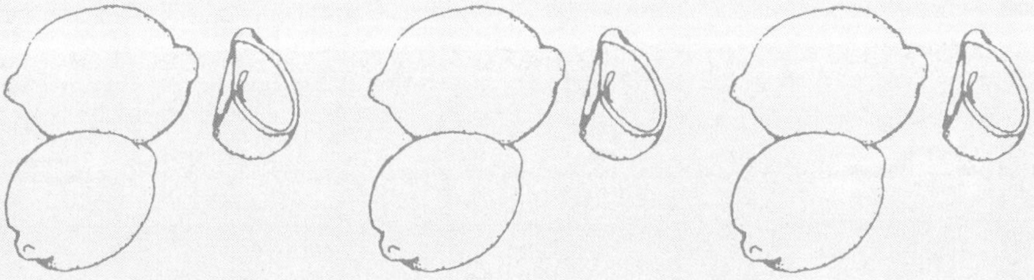

SOLES MEUNIÈRES

Pour 4 personnes

4 belles soles de 250 g chacune
2 brins de persil
farine
2 citrons jaunes
150 g de beurre
sel, poivre

Demander au poissonnier de vider et de gratter les soles mais ne pas lui demander d'enlever la peau noire, elle permettra de préserver les filets moelleux sans qu'ils touchent à la graisse. Les laver à l'eau froide et les sécher avec du papier absorbant. Dans une grande poêle ou deux selon les tailles, faire fondre quelques copeaux de beurre. Saler et poivrer les poissons légèrement. Passer les soles à la farine, les secouer un peu puis les faire frire 2 minutes côté peau noire à feu moyen puis 5 minutes côté peau blanche à feu doux. Pendant ce temps faire fondre dans une cassolette le reste du beurre avec le jus d'un citron et la moitié du persil haché en fouettant pour faire mousser. Tailler en rondelles fines l'autre citron. Présenter les soles sur un plat de service, décorées des tranches de citron, et le beurre dans une saucière. Les soles peuvent aussi être présentées sur assiette, en filets. En ce cas, après la cuisson enlever les deux peaux, les têtes, l'arête centrale et ébarber les bords soigneusement. Placer les filets dans un plat à service et garder au chaud sur un bain-marie. Napper les filets du beurre fondu bien chaud, parsemer de persil et décorer avec les tranches de citron. Servir avec des pommes de terre vapeur.

THON

*Le thon est un grand poisson des mers chaudes
et tempérées pouvant atteindre 4 mètres de long
et peser 500 kilos.
C'est un poisson gras qui atteint
une valeur nutritive égale à la viande.
Il est en partie réservé à la conserve
pour se consommer cuit, au naturel ou à l'huile,
en salade ou en mousse.
Frais, il se présente en darnes (tranches)
de couleur rouge sombre, et se cuisine à la poêle,
braisé, en cocotte ou grillé.
Le thon gras est aussi utilisé pour les sushis.*

MOUSSE DE THON AU CITRON VERT

Pour 4 personnes

- *1 boîte de thon au naturel de 200 g*
- *toasts grillés*
- *1 poignée d'olives noires*
- *2 citrons verts*
- *20 cl de crème fleurette*
- *1 cuillerée à soupe d'huile d'olive*
- *sel, poivre*

Égoutter le thon. Le passer au mixer avec la crème fleurette, l'huile d'olive et le jus d'un citron. Mixer très fin, saler, poivrer. Couper finement au couteau les olives noires dénoyautées et les incorporer à la mousse. Mettre au réfrigérateur. Découper la chair du deuxième citron et décorer avec les tranches. Servir très frais sur les toasts grillés.

PAVÉS DE THON AUX FLEURS DE COURGETTE

Pour 4 personnes

4 pavés de thon de 200 g chacun

8 courgettes avec leurs fleurs

1 gousse d'ail

1 branche de basilic

1 citron

4 cuillerées à soupe d'huile d'olive

150 g de beurre

Détacher les fleurs de courgette, retirer le pistil, les passer à l'eau délicatement. Laver les courgettes et les couper en petits cubes. Dans une sauteuse faire chauffer l'huile d'olive, ajouter l'ail haché et faire revenir les courgettes jusqu'à ce qu'elles deviennent fondantes. Verser les courgettes dans un saladier et les écraser à la fourchette. Remplir les fleurs de courgette avec le mélange de chair de courgette et les réserver au bain-marie. Dans une poêle faire chauffer le reste de l'huile, faire dorer les pavés de thon à feu doux une quinzaine de minutes. Disposer les pavés de thon sur assiette, entourés de fleurs de courgette et saupoudrer de basilic haché. Servir avec un beurre citronné.

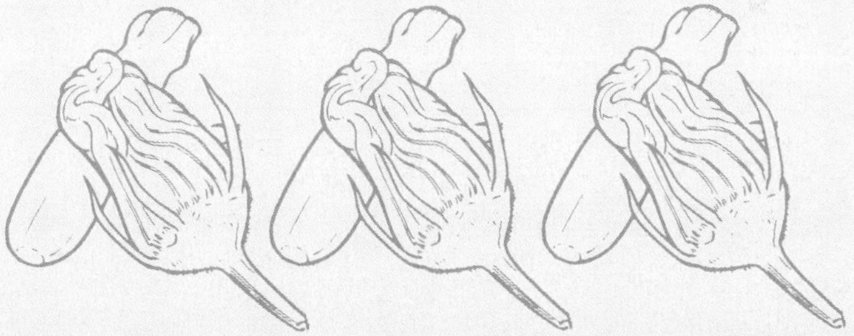

PIZZA AU THON ET CŒURS D'ARTICHAUTS

Pour 4 personnes

Pâte

300 g de farine

1 sachet de levure de boulanger

1 verre d'eau tiède

1/2 verre d'huile d'olive

1 pincée de sel

Garniture

160 g de thon cuit, en boîte, au naturel

4 fonds d'artichauts en boîte

100 g de purée de tomates

persil haché

huile d'olive

Délayer le sachet de levure dans un verre d'eau tiède. Verser dans un saladier et ajouter petit à petit la farine en mélangeant avec les doigts. Saler et pétrir cette pâte pendant 15 bonnes minutes. Ajouter l'huile et finir de pétrir. Laisser reposer la pâte pendant 2 heures puis l'étaler dans un moule légèrement huilé. Égoutter et émietter le thon dans une assiette. Répartir la purée de tomates sur toute la pâte. Disperser sur la tomate les fonds d'artichauts coupés en fines lamelles. Parsemer les miettes de thon sur les artichauts. Mettre à four moyen pendant 20 minutes environ à 220 °C (thermostat 7-8). Sortir la pizza du four. Parsemer de persil haché et d'huile d'olive pimentée ou non suivant les goûts.

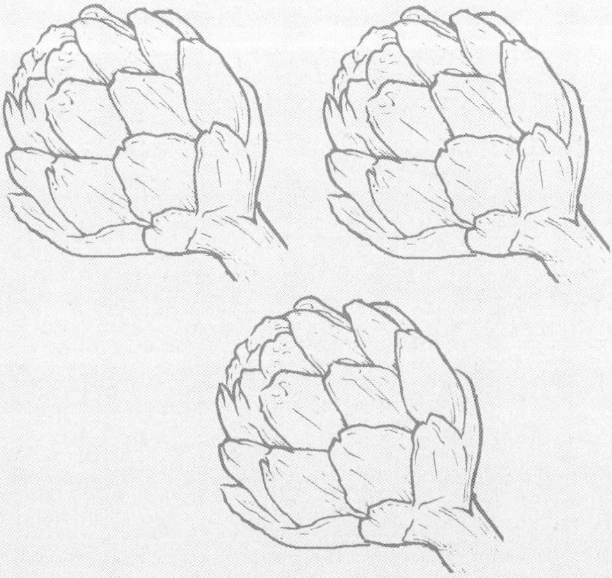

ROUELLE DE THON À LA BASQUAISE

Pour 4 personnes
1 rouelle de thon de 800 g environ
4 tomates
1 poivron vert
1 oignon
1 gousse d'ail
1 verre de vin blanc sec
farine
1 cuillerée à soupe d'huile d'olive
sel, poivre

Éplucher et hacher finement l'oignon et l'ail. Les faire fondre doucement à la poêle dans l'huile d'olive. Peler, épépiner et couper en dés les tomates. Épépiner et couper en fines lamelles le poivron. Ajouter les tomates et le poivron à l'oignon et à l'ail dans la poêle. Saler, poivrer et laisser cuire à feu doux pendant 10 minutes à demi couvert. Préparer la rouelle de thon en enlevant l'arête centrale et la peau. La passer sous l'eau froide et l'essuyer avec du papier absorbant. La fariner légèrement. Reconstituer la rouelle dans un plat allant au four légèrement beurré. Mouiller avec le vin blanc, ajouter les légumes. Enfourner pendant 10 minutes à four moyen (180 °C – thermostat 6). Servir avec du riz.

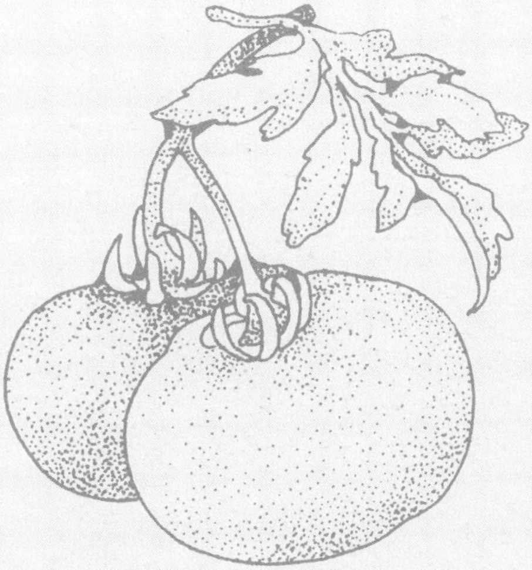

SALADE DE FARFALLES AU THON ET AU CONCOMBRE

Pour 4 personnes

400 g de farfalles fraîches (ou papillons)
1 boîte de thon au naturel de 400 g
1 concombre
250 g de feta
3 brins de ciboulette
1 petite poignée de raisins secs
2 cuillerées à soupe de vinaigre de Xérès
4 cuillerées à soupe d'huile d'olive
sel, poivre blanc

Porter un grand faitout d'eau salée à ébullition et y plonger les pâtes fraîches. Après la cuisson, égoutter les farfalles et les mettre dans un plat creux. Laisser refroidir. Bien laver le concombre, l'épépiner mais ne pas l'éplucher. Le diviser en deux dans le sens de la largeur puis de la longueur. Le découper en petits cubes et les verser dans le plat. Égoutter le thon et l'émietter dans le plat en petits morceaux de la taille des farfalles. Égoutter la feta, la couper en cubes, la verser sur les farfalles. Préparer la vinaigrette en mélangeant l'huile, le vinaigre, le sel, le poivre et la ciboulette finement ciselée. Verser sur la salade et remuer délicatement. Parsemer de quelques grains de raisin sec.

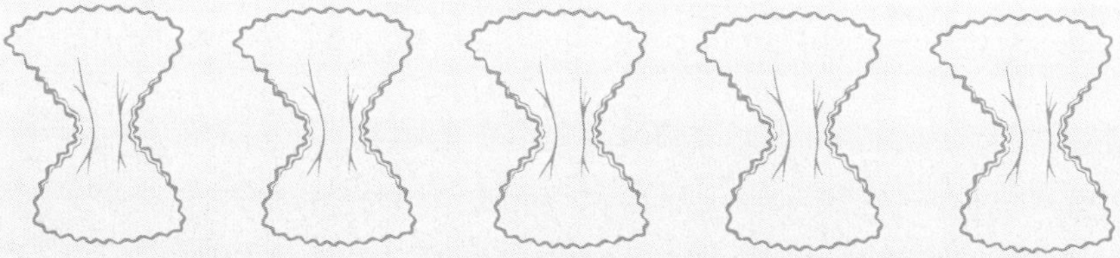

THON GRILLÉ MOUTARDÉ À L'ANCIENNE

Pour 4 personnes

- *4 tranches de thon de 200 g chacune*
- *2 échalotes*
- *1 cuillerée à soupe de moutarde à l'ancienne*
- *1 jaune d'œuf*
- *persil haché*
- *1 cuillerée à soupe de farine*
- *1 citron*
- *200 g de crème fraîche épaisse*
- *4 cuillerées à soupe d'huile*
- *10 g de beurre*
- *sel, poivre*

Laver et essuyer les tranches de thon avec du papier absorbant. Faire chauffer le gril du four. Badigeonner les tranches de thon d'huile. Les disposer au dessus de la lèche-frite et les laisser cuire 15 minutes en les retournant à mi-cuisson. Pendant ce temps, éplucher et émincer les échalotes, les faire revenir dans un peu de beurre sans les faire roussir. Ajouter dans une poêle le reste du beurre, la farine, tourner à la spatule, mouiller avec la crème fraîche et laisser cuire jusqu'à ce que le mélange épaississe. Ajouter la moutarde. Saler, poivrer. En fin de cuisson, quand la sauce est bien chaude et hors du feu ajouter le jaune d'œuf et le jus du citron en fouettant. Disposer les tranches de thon grillées sur un plat de service préalablement chauffé. Les napper de cette sauce et parsemer de persil haché.

TURBOT

Le turbot est un large poisson plat de 3 à 4 kilos,
sans écailles, gris-noir sur sa face droite,
blanc sur sa face gauche.
Plus petit, il est appelé aussi turbotin.
Sa chair est très estimée mais il reste assez coûteux.
Il est débité en filets, darnes épaisses ou morceaux.
Il se cuisine poêlé, au court-bouillon ou braisé.

BLANCS DE TURBOT AU BEURRE D'ANETH

Pour 4 personnes

- *1 turbot de 1 kg*
- *1 carotte*
- *1 branche de céleri*
- *1 bouquet garni*
- *1 bouquet d'aneth*
- *1 oignon*
- *1 gousse d'ail*
- *2 cl d'alcool anisé*
- *20 cl de crème fraîche*
- *120 g de beurre*
- *sel, poivre*

Demander au poissonnier de lever les filets de turbot. Partager les blancs de turbot en quatre morceaux égaux. Laver, sécher et ciseler l'aneth. Préparer un court-bouillon composé de l'oignon émincé, de la carotte coupée en rondelles, du céleri tranché, du bouquet garni, de la gousse d'ail écrasée, d'une pincée de sel et de quelques tours de poivre. Lorsque le court-bouillon arrive à ébullition, baisser le feu et faire pocher les filets de turbot à l'eau frémissante une dizaine de minutes. Retirer les filets avec une écumoire et les réserver au chaud. Passer le court-bouillon au chinois et le faire réduire à feu doux. Ajouter le beurre par petits morceaux, la crème fraîche, l'alcool anisé, l'aneth ciselé, saler, poivrer et porter à ébullition en fouettant. Disposer les blancs de turbot dans un plat creux et napper de la sauce à l'aneth. Décorer de brins d'aneth fraîche.

MÉDAILLONS DE TURBOT SAUCE CHAMPAGNE

Pour 4 personnes

1 turbot de 800 g
2 échalotes
2 brins de persil
1 cuillerée à café de farine
1 citron
2 verres de champagne
100 g de crème fraîche
20 g de beurre
sel, poivre

Demander au poissonnier de lever les filets du poisson. Les laver à l'eau froide et les éponger avec du papier absorbant. Les couper en huit morceaux égaux. Éplucher et hacher les échalotes. Dans une sauteuse, faire fondre la moitié du beurre, ajouter les échalotes et les faire revenir sans les faire brunir. Arroser avec le champagne, poivrer et saler légèrement. Dès le premier frémissement, y plonger les morceaux de turbot. Laisser cuire 7 à 8 minutes puis les égoutter et les réserver dans un plat creux de service ; garder au chaud au bain-marie. Faire réduire de moitié le jus de cuisson et le passer au chinois. Faire fondre dans une casserole le reste du beurre et la farine et mélanger pour obtenir un roux. Ajouter la crème fraîche, le jus de cuisson par petites doses et le jus du citron. Remuer à feu doux jusqu'à obtention d'une sauce onctueuse. Napper les médaillons de turbot avec la sauce champagne et servir bien chaud. Saupoudrer de persil haché fin.

TURBOT À LA NORMANDE

Pour 4 personnes

1 turbot de 800 g
8 langoustines
2 douzaines de moules
1 oignon
1 carotte
1 bouquet garni
1 cuillerée à soupe de farine
2 œufs
1/2 citron
50 cl de cidre sec
100 g de crème fraîche
beurre
sel, poivre

Demander au poissonnier de vider, d'ébarber le poisson, de retirer l'arête centrale et de le couper en quatre morceaux égaux. Préparer un court-bouillon avec l'oignon coupé en deux et la carotte coupée en rondelles, le bouquet garni, une pincée de sel et trois tours de moulin à poivre. Ajouter le cidre et, dès frémissement, y plonger les morceaux de poisson. Réduire le feu et laisser cuire 15 minutes. Pendant ce temps, faire ouvrir dans une grande casserole les moules bien nettoyées avec un peu d'eau et de cidre puis les égoutter, les décortiquer. Réserver. Passer le bouillon des moules au chinois et réserver dans un bol. Dans une casserole d'eau bouillante salée, plonger les langoustines 10 minutes environ. Les égoutter, les décortiquer, les réserver avec les moules. Retirer les morceaux de turbot du court-bouillon à l'écumoire. Ôter la peau, disposer dans un plat de service et garder au chaud au bain-marie. Passer le court-bouillon et le faire réduire de moitié en y ajoutant le jus de cuisson des moules. Dans une casserole mélanger la farine avec une noix de beurre pour obtenir un roux. Ajouter les jaunes d'œufs, la crème fraîche et un trait de citron. Mélanger la préparation au court-bouillon et faire réduire encore en fouettant. Entourer les morceaux de poisson des moules et des langoustines et napper de cette sauce bien chaude.

TURBOT AUX ÉCHALOTES

Pour 4 personnes

1 turbot de 800 g
2 échalotes
1/2 verre de vin blanc sec
200 g de crème fraîche
50 g de beurre
sel, poivre

Demander au poissonnier de vider, d'ébarber le turbot et d'enlever l'arête centrale. Le passer à l'eau froide et le sécher avec du papier absorbant. Faire chauffer dans une poêle la moitié du beurre. Hacher les échalotes et les faire fondre à la poêle à feu doux sans les laisser brunir. Saler, poivrer les échalotes et en napper l'intérieur du poisson. Préchauffer le four à 200 °C environ (thermostat 7). Disposer le turbot dans un plat préalablement beurré allant au four. Laisser cuire 5 minutes puis napper le poisson d'une partie de la crème fraîche et arroser avec le vin blanc, assaisonner de sel et de poivre. Remettre au four 30 minutes supplémentaires. À mi-cuisson ajouter le reste de crème et couvrir d'une feuille d'aluminium. Arroser plusieurs fois du jus de cuisson. La cuisson terminée, présenter le turbot dans un plat de service accompagné de pommes anglaises.

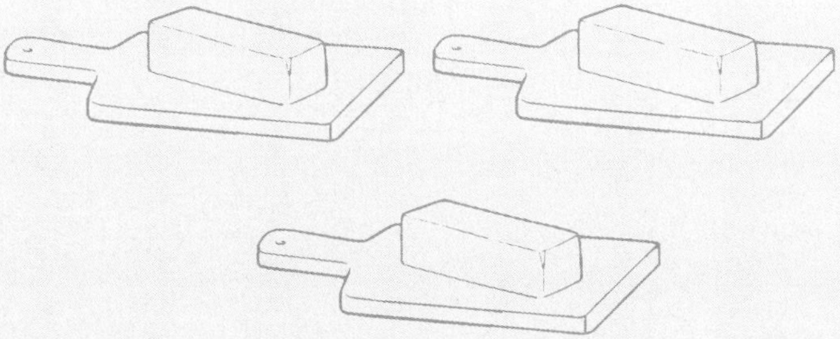

TURBOT EN COCOTTE AU BEURRE DE TRUFFES

Pour 4 personnes

800 g de filets de turbot
500 g de carottes
1 oignon
1 branche de céleri
1 bouquet garni
2 poireaux
2 jaunes d'œufs
huile
125 g de beurre
10 cl de jus de truffe
5 g de pelures de truffe
sel, poivre

Porter à ébullition 1 l d'eau légèrement salée. Laver soigneusement les poireaux et éplucher les carottes. Couper les blancs de poireaux en quatre et les carottes en bâtonnets. Jeter les légumes dans l'eau bouillante et laisser cuire 30 minutes. Les retirer de l'eau à l'écumoire et les déposer dans une cocotte légèrement huilée. Préparer un court-bouillon avec l'oignon, la branche de céleri, le bouquet garni. Laver les filets de turbot, les éponger, les tailler en cubes. Faire pocher les cubes de poisson dans le court-bouillon frémissant. Les égoutter et les disposer dans la cocotte sur les légumes. Passer le court-bouillon au chinois, le faire réduire aux deux tiers dans une casserole. Ajouter le jus de truffe et les jaunes d'œufs en remuant le mélange à feu doux. Incorporer le beurre au fouet par petites quantités. Ajouter ensuite les pelures de truffe et mélanger délicatement. Napper le poisson et les légumes de cette sauce. Laisser cuire dans la cocotte à feu doux 5 minutes. Servir dans de petites cassolettes en porcelaine ou directement sur assiette chaude.

TURBOT RÔTI À LA CRÈME D'OURSIN

Pour 4 personnes
1 turbot de 800 g
20 cl de fumet de poisson
1 douzaine d'oursins
100 g de farine
1 bouquet de persil plat
30 cl de crème fraîche
1 cuillerée à soupe d'huile d'olive
80 g de beurre
sel, poivre blanc

Demander au poissonnier de lever les filets du turbot. Partager les filets en quatre morceaux égaux. Les passer à l'eau froide et les sécher soigneusement. Saler, poivrer, fariner légèrement. Ouvrir les oursins, retirer avec une petite cuillère les languettes rosées, les écraser dans un bol jusqu'à obtention d'une pâte. Dans une casserole, faire réduire le fumet de poisson, ajouter la crème fraîche et mélanger. Porter à ébullition cette préparation et laisser cuire jusqu'à ce que le mélange soit homogène. La mélanger petit à petit à la pâte d'oursin, saler, poivrer et verser dans une casserole au bain-marie. Dans une poêle faire chauffer 80 g de beurre et une cuillerée à soupe d'huile. Faire cuire les morceaux de turbot 5 minutes environ de chaque côté suivant l'épaisseur. Disposer dans chaque assiette un morceau de turbot et napper de crème d'oursin. Décorer de persil ciselé.

TURBOT RÔTI AU LAURIER

Pour 4 personnes

1 turbot de 1 kg
20 cl de fumet de poisson
3 belles tomates
200 g de champignons
2 échalotes
1 douzaine de feuilles de laurier
1 verre de vin blanc sec
2 cuillerées à soupe d'huile
30 g de beurre
sel, poivre

Demander au poissonnier de vider, d'ébarber le turbot et de retirer l'arête principale. Passer le poisson à l'eau claire et bien le sécher. Poser à l'intérieur quatre à six feuilles de laurier, saler, poivrer. Peler les tomates, les couper en quatre morceaux chacune. Éplucher et hacher les échalotes. Nettoyer et couper les champignons en lamelles. Préchauffer le four à 200 °C (thermostat 7). Dans un plat allant au four préalablement beurré ou huilé, déposer le poisson, ajouter les tomates, les champignons et les échalotes hachées. Arroser du vin blanc et du fumet de poisson. Laisser cuire 30 minutes à four chaud en arrosant régulièrement avec le jus de cuisson. 10 minutes avant la fin de la cuisson, poser un papier d'aluminium sur le plat pour éviter le dessèchement. Au moment de servir, parsemer le turbot de laurier frais haché.

TURBOT RÔTI AUX FRUITS DE MER

Pour 4 personnes

1 turbot de 800 g
500 g de moules
500 g de coques
500 g de bulots
1 sachet de court-bouillon
1 bouquet garni
1 jaune d'œuf
1 citron
1/2 cuillerée à soupe de farine
vinaigre
1/2 verre de vin blanc sec
100 g de crème fraîche
20 g de beurre
sel, poivre

Faire vider et écailler le turbot. Faire tremper une bonne heure les bulots à l'eau vinaigrée et les coques à l'eau salée. Faire pocher les bulots dans un court-bouillon puis les décortiquer et filtrer le court-bouillon. Faire ouvrir les coques et les moules dans un faitout à feu vif avec un verre du court-bouillon des bulots, le bouquet garni et le vin blanc. Les égoutter, les préparer en demi-coquilles et les réserver. Filtrer à nouveau le court-bouillon. Disposer le turbot dans un plat allant au four. Mouiller avec le court-bouillon et un verre d'eau. Couvrir avec un papier d'aluminium et mettre au four à feu moyen
(200 °C – thermostat 7) pendant 20 minutes. Retirer le poisson, le dépouiller, l'étêter et lui ôter toutes ses arêtes. Le placer dans un plat de service avec les fruits de mer ; garder au chaud au bain-marie. Passer à nouveau le bouillon de cuisson et le faire réduire dans une casserole. Faire un roux avec la farine et le beurre et mouiller avec le bouillon. Mélanger au fouet, ajouter le jaune d'œuf, la crème fraîche et le jus du citron. Saler, poivrer et napper le poisson et les fruits de mer de la sauce chaude.

POISSONS EN MÉLANGE

BOUILLABAISSE PROVENÇALE

Pour 6 personnes

1,5 kg de poissons variés (rascasses, rougets de roche, anguilles, petits merlans ou petites dorades, solettes)
1 douzaine d'étrilles ou de petits crabes
1 boîte de tomates entières pelées (environ 450 g)
3 gousses d'ail
1 oignon
3 brins de persil
1 sachet de safran
thym, laurier
croûtons grillés
1/2 verre d'huile d'olive
sel, poivre

Bien nettoyer les poissons et couper les plus gros en morceaux. Mettre 2 l d'eau à bouillir dans une casserole. Pendant ce temps, verser la moitié de l'huile d'olive dans un grand faitout. Faire revenir les gousses d'ail hachées, l'oignon émincé, puis ajouter les tomates pelées avec leur jus puis l'eau bouillante et les poissons à chair ferme. Saler, poivrer, parsemer du persil haché, et ajouter le thym et les feuilles de laurier. Verser le reste de l'huile sur le tout, ajouter le safran. Porter à ébullition et laisser cuire pendant 10 minutes environ. Ajouter le poisson à chair tendre et laisser cuire pendant 10 autres minutes, puis les crabes et les étrilles, 3 à 4 minutes. Retirer ensuite les poissons avec l'écumoire et les placer dans un grand plat creux de service gardé au chaud. Filtrer le bouillon et le présenter dans une soupière. Faire griller les croûtons et les servir avec la bouillabaisse et la sauce rouille à part.

SAUCE ROUILLE

3 gousses d'ail
2 jaunes d'œufs
1 sachet de safran
1 cuillerée à soupe de moutarde
1 cuillerée à café de concentré de tomates
1 pincée de piment de Cayenne
50 cl d'huile d'olive
sel, poivre

Dans un grand bol, écraser l'ail à la fourchette. Ajouter les jaunes d'œufs, la moutarde et le safran. Monter la sauce en mayonnaise en incorporant peu à peu l'huile d'olive et le concentré de tomates. Assaisonner de sel, poivre et piment.

CHOUCROUTE AUX POISSONS

Pour 6 personnes

1,8 kg de poissons variés (queue de lotte, filet de saumon coupé en tranches et morceaux de haddock)
300 g de lard fumé en tranches
2 kg de choucroute crue
6 pommes de terre moyennes
2 oignons
2 gousses d'ail
thym, laurier
1 dizaine de baies de genièvre
1 clou de girofle
1 citron
50 cl de vin blanc d'Alsace
100 g de beurre
sel, poivre

Dans un faitout, faire fondre le beurre et faire revenir les oignons émincés. Ajouter la choucroute crue, l'ail pilé, le thym et le laurier, les baies de genièvre, le clou de girofle et le lard fumé coupé en tranches. Mouiller avec le vin d'Alsace et un demi-verre d'eau. Laisser cuire à couvert pendant 1 h 30. Ajouter les pommes de terre et laisser cuire encore à couvert 20 minutes. Poser ensuite sur la choucroute les morceaux de lotte, de saumon et de haddock et laisser cuire encore à couvert 20 autres minutes à feu doux. Saler et poivrer. Présenter ensemble dans un grand plat creux la choucroute, les pommes de terre, le lard et les morceaux de poissons, assaisonnés d'un jus de citron.

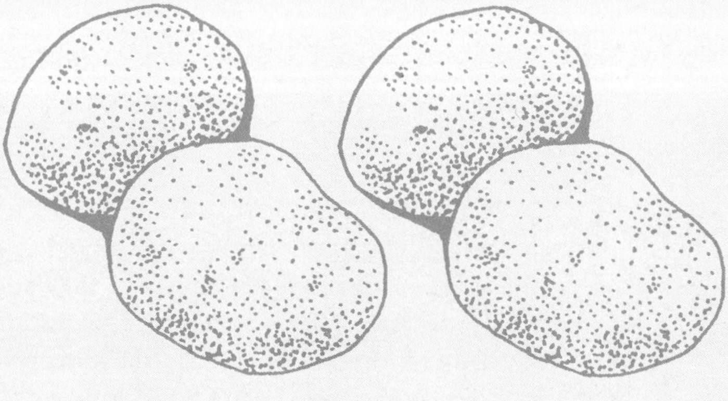

PAELLA CATALANE

Pour 6 personnes

- *1/2 poulet d'environ 500 g coupé en petits morceaux*
- *500 g de lotte coupée en morceaux de 3 cm environ*
- *150 g de jambon cru coupé en morceaux de 2 cm environ*
- *300 g de grosses moules*
- *6 gambas*
- *100 g de calamars coupés en morceaux*
- *200 g de riz*
- *500 g de tomates pelées en boîte*
- *2 fonds d'artichauts précuits*
- *100 g de petits pois cuits extra-fins*
- *1 poivron vert*
- *1 oignon*
- *1 gousse d'ail*
- *1 verre de bouillon de poule en cube*
- *1 sachet de safran*
- *1 pincée de piment moulu*
- *1 bouquet garni*
- *2 brins de persil*
- *20 cl d'huile d'olive*
- *sel, poivre*

Faire ouvrir les moules bien nettoyées dans un faitout couvert pendant 5 minutes environ avec le bouquet garni et 25 cl d'eau. Filtrer le bouillon de cuisson, le réserver et mettre les moules de côté. Dans une grande poêle à paella, faire chauffer trois cuillerées à soupe d'huile d'olive et y faire revenir les morceaux de lotte pendant 3 minutes environ en remuant avec la spatule. Quand les morceaux de lotte sont bien dorés, les retirer et les mettre de côté avec les moules et jeter l'huile. Dans la même poêle, mettre à nouveau trois cuillerées à soupe d'huile et faire revenir les morceaux de poulet en remuant pendant 5 bonnes minutes, ajouter cinq cuillerées à soupe d'huile d'olive, l'ail pilé, l'oignon émincé, les calamars, le jambon cru, le poivron en morceaux et les fonds d'artichauts coupés en quatre. Saler, poivrer et laisser cuire le tout encore 5 minutes en remuant. Ajouter les gambas, les tomates pelées avec leur jus, le bouillon de cuisson des moules, le persil haché et laisser cuire 15 minutes à demi couvert. Dans un faitout à part nappé d'huile d'olive, faire légèrement griller le riz en remuant avec la spatule. Ajouter un demi-verre de bouillon de poule en cube auquel sont mélangés le safran, une pincée de piment et une pincée de sel. Laisser cuire le riz 2 minutes et l'ajouter à la poêle avec la préparation. Ajouter ensuite les petits pois, les morceaux de lotte et les moules. Verser le reste du bouillon de poule, couvrir et laisser cuire 10 minutes. Servir bien chaud directement dans la poêle à paella.

POT-AU-FEU DE LA MER

Pour 6 personnes

300 g de lotte
6 filets de sole
6 filets de rouget de roche
300 g de moules
300 g de coques
3 blancs de poireaux
6 carottes nouvelles
6 petits navets
6 pommes de terre moyennes
1 branche de céleri
1 oignon piqué d'un clou de girofle
1/2 verre de vin blanc sec
1 bouquet garni
100 g de beurre
gros sel et poivre

Dans une poêle creuse, faire ouvrir les moules à feu vif dans un verre d'eau et un demi-verre de vin blanc sec. Séparer les coquilles en réservant la coquille pleine. Filtrer l'eau de cuisson des moules et la réserver à part. Dans une casserole, faire cuire à l'eau bouillante salée les carottes, les navets, les blancs de poireaux, les pommes de terre, le céleri et l'oignon, avec le bouquet garni, une bonne pincée de gros sel et trois tours de poivre, pendant 10 minutes environ. Pendant ce temps, tailler la lotte en six morceaux égaux. Assaisonner la lotte, les filets de sole et les filets de rouget. Les disposer dans un panier sur les légumes pour les cuire à la vapeur, pendant 8 minutes. En fin de cuisson, ajouter les moules dans le panier vapeur. Retirer les poissons, les moules et les légumes et les disposer dans un grand plat de service maintenu au chaud. Ajouter au 1/2 l de bouillon de légumes l'eau de cuisson des moules. Faire réduire à feu vif avec le beurre en battant au fouet. Napper de bouillon brûlant le pot-au-feu et servir aussitôt.

INDEX DES RECETTES

Achevé d'imprimer en octobre 2001
à Milan, Italie,
sur les presses de Grafiche Ortolan

Dépôt légal : octobre 2001
Numéro d'éditeur : 6876